rowohlts monographien
begründet von Kurt Kusenberg
herausgegeben
von Wolfgang Müller

Ernst Bloch

mit Selbstzeugnissen
und Bilddokumenten
dargestellt von
Silvia Markun

Rowohlt

Dieser Band wurde eigens für «rowohlts monographien» geschrieben
Den Anhang besorgte die Autorin
Herausgeber: Kurt Kusenberg
Assistenz: Erika Ahlers
Schlußredaktion: K. A. Eberle
Umschlagentwurf: Werner Rebhuhn
Vorderseite: Ernst Bloch, 15. Oktober 1967 (Keystone)
Rückseite: Sylt, Juli 1969

Veröffentlicht im Rowohlt Taschenbuch Verlag GmbH,
Reinbek bei Hamburg, Oktober 1977
Copyright © 1977 by Rowohlt Taschenbuch Verlag GmbH,
Reinbek bei Hamburg
Alle Rechte an dieser Ausgabe vorbehalten
Satz Aldus (Linotron 505 C)
Gesamtherstellung Clausen & Bosse, Leck
Printed in Germany
1080-ISBN 3 499 50258 4

30.–32. Tausend März 1990

Inhalt

Ernst Bloch, Herbst 1934

VORWORT

Biographien von Philosophen sind ihrem Gegenstand oft unangemessen. Das Leben eines Denkers gewinnt seine Bedeutung und hat seine Merkpunkte in dessen Werk. Nur wo dieses sich so vielfältig mit äußeren Aktivitäten verzahnt, wie etwa bei Leibniz, kann eine Biographie nützliche Ergänzungen zur Werkanalyse liefern. Anekdoten bleiben hingegen meist ephemer und lenken ab.

Ernst Bloch hat dezidiert erklärt, er wolle keine Biographie, keine Darstellung zur Person. Es leuchtet ein, daß diese Abwehr gute Gründe hat. Darauf war Rücksicht zu nehmen. Indessen sind Leben und Werk Blochs so eng miteinander verwoben, daß eine Monographie zur Sache sich durchaus sinnvoll entlang der Stationen seines Lebensweges entfalten kann. Gerade weil Blochs Philosophie eminent zeitgeschichtliche und politische Bezüge hat, weil Bloch, wie Oskar Negt schreibt, als «der deutsche Philosoph der Oktoberrevolution» gesehen werden kann, ist es möglich, das Leben als Einheit mit dem Denken nachzuzeichnen, ohne in eine Kammerdienerperspektive zu verfallen. Zudem hat Bloch selbst in viele seiner Schriften Autobiographisches eingewoben; so konnte die Darstellung seinen eigenen Fingerzeigen folgen.

Hans Heinz Holz sei für seine unermüdliche Hilfe gedankt. Ohne die vielen Gespräche mit ihm hätte dieses Buch nicht entstehen können; insbesondere verdankt sich das Kapitel «Die großen Werke» (S. 59 f) ganz und gar seinen Einsichten in Blochs Philosophie. Für die Darstellung der philosophischen Systematik konnte ich Niederschriften von Vorlesungen benutzen, die Holz 1968 in Zürich über Bloch gehalten hat. – Die Zeittafel am Ende des Buches geht auf einen Entwurf von Frau Karola Bloch zurück.

FRÜHE KINDHEITSERINNERUNGEN

Was in früher Kindheit sich zutrug ist bewußtem Erinnern zumeist verschlossen. Biographen sind auf Belege aus dem Familienalbum und auf die Histörchen wohlmeinender Eltern, Onkel und Tanten angewiesen. Wo Verfolgung über die Menschen und Zerstörung über die Länder kamen und ein Leben von Exodus zu Exodus fortschritt, blieben solch treuliche Zeugnisse kaum erhalten. Rekonstruktion wird nötig aus Fetzen von Bedeutungen, die im Gedächtnis hängenblieben.

Ernst Bloch gibt an, solche Bedeutungsfetzen aus frühester Zeit seien ihm gegenwärtig geblieben. Literarisch hat er diese Erinnerungen in den *Spuren* festgehalten, also als reifer Mann. *Spüre mich leicht atmen, hin und her, koche leise. Merkte auch, daß ich taste, schrie, aber hörte nichts. Manchmal ist noch alles danach, so flüchtig und warm, weder hier noch dort.*[1]* Dann werden, in der stilisierten Alogizität kindlicher Eindrucksfolgen, in der Auffassung eines kindlichen Animismus erste Welterfahrungen heraufbeschworen: der Busch, die Pumpe, der Holzbock, der Hund. Doch das sind keine echten Erinnerungen, eher Projektionen aus späterer Bewußtseinslage, die auf nicht genau bestimmbare Weise an unbewußt Bewahrtes anknüpfen mögen. Das Kind macht nicht die Erfahrung: *Die Straßen sahen auf dem Hinweg immer anders aus als rückwärts; weshalb sie lebten.*[2] Und schon gar nicht in einer Ausdrucksform, die deutlich genug auf Heraklit anspielt: «Der Hin- und Rückweg ist ein und derselbe» (B 60).

Gemeint ist, daß in allem Anfang ein Mehr ist, als dieser Anfang selbst kundgibt, ja, mehr sogar als alles, was später daraus wird. *Als der und jener scheint zwar jeder schon da. Aber keiner ist, was er meint, erst recht nicht, was er darstellt. Und zwar sind alle nicht zu wenig, sondern zu viel von Haus aus für das, was sie wurden.*[3] Das ist zuerst einmal gut hegelisch. *Das Wesen ist dieses, was noch nicht ist, was im nicht erscheinenden Jetzt und Hier aller Erscheinungen so treibt wie sich selbst noch verborgen ist.*[4] Bloch geht dann jedoch über Hegel hinaus, bei dem dies Verborgene sich im Laufe der Geschichte ja gänzlich auswickelt und im Hegelschen System der Philosophie dann als seine eigene Wahrheit dasteht; während bei Bloch der Latenz- und Möglichkeitsraum der Welt unendlich offen gehalten wird. *Wie nun? Ich bin. Aber ich habe mich nicht. Darum werden wir erst.*[5] Der Mensch ist das metaphysische Wesen, und an ihm selbst wird ihm das Wesen der Welt sichtbar.

Das heißt: gering fängt es an, zu gering. *Man ist. Das ist zu wenig, ja das wenigste.*[6] Dieses wenigste begann am 8. Juli 1885 in Ludwigshafen. Vater Max Bloch, kgl. bayerischer Eisenbahnverwalter; Mutter Bertha, geb. Feitel; beide jüdischen Glaubens, religiös emanzipiert, die Vorschriften des Ritus nicht mehr beachtend. – Dann geht es weiter, der nächste Schritt: *Man setzt sich entgegen.*[7] Busch, Tisch und Hund werden als verschieden von mir festgestellt, wie es der Mythos der Kindheitswelt in den *Spuren* schildert. Eins wird darum sicher sein: das Erlebnis von Entgegensetzung – Opposition

---

* Die hochgestellten Ziffern verweisen auf die Anmerkungen S. 123 f.

Die Mutter: Bertha Bloch, geb. Feitel

– ist von früh auf stark gewesen, glaubhaft daher wohl auch die präzise Erinnerung an das erste Ich-Erlebnis des Achtjährigen. *Es kam im gleichen Jahr auf einer Bank im Wald, und ich spürte «mich» als den, der sich spürte, der heraussah, von dem man nie mehr loskommt.*[8] Das Getrenntsein vom anderen, auch das Vereinzeltsein der Dinge, jedes für sich, weckt dann auch den Wunsch, in allem den Hinweis auf die Einheit aufzuspüren, alles Fremde in die gemeinsame Heimat zu führen – Vorstellungen, die zu Kategorien geschärft, für die Philosophie Blochs zentral werden. Diese ist dann *ein Spurenlesen kreuz und quer, in Abschnitten, die nur den Rahmen aufteilen. Denn schließlich ist alles, was einem begegnet und auffällt, dasselbe.*[9] Doch auf vielen Wegen und Umwegen. *Die Spuren des sogenannten Letzten, ja auch nur wirtlich Gewordenen sind selber erst Abdrücke eines Gehens, das noch ins Neue gegangen werden muß. Erst sehr weit hinaus ist alles, was einem begegnet und auffällt, das Selbe.*[10] Das klingt noch religiös; Jugendsehnsucht, auf den Begriff der Geschichte gebracht, liest sich dann so: *Die wirkliche Genesis ist nicht am Anfang, sondern am Ende, und sie beginnt erst anzufangen, wenn Gesellschaft und Dasein radikal werden, das heißt sich an der Wurzel fassen. Die Wurzel der Geschichte aber ist der arbeitende, schaffende, die Gegebenheiten umbildende und überholende Mensch. Hat er sich erfaßt, und das Seine ohne Entäußerung und Entfremdung in realer*

Demokratie begründet, so entsteht in der Welt etwas, das allen in die Kindheit scheint und worin noch niemand war: Heimat.[11] So wird der Traum der Jugend zum Programm der Menschheitsgeschichte.

Ambiente: Ludwigshafen – Mannheim

Kein Zweifel, daß die Landschaft den Menschen prägt; eben die, in der er seine Jugend verbringt. Da nimmt man die Eindrücke in sich auf, von Natur und Architektur, ein Bild von der Welt, in der man lebt. Gerüche kommen dazu, von Pflanzen, vom Wasser, gegebenenfalls von Abgasen, auch der Geschmack von typischen Speisen, immer wiederkehrende Geräusche.

In Ludwigshafen aufzuwachsen, stellte in einen besonderen Gegensatz: die neue Industriestadt, nicht älter als die Entstehung der deutschen Industrie überhaupt, neben der alten, spätabsolutistisch-frühbürgerlichen Residenz. Ludwigshafen und Mannheim, bewußt auseinandergehalten, sind gerade darum unablösbar aufeinander bezogen: die proletarische und die bürgerliche Seite des 19. Jahrhunderts. Just so wirkte es auf den jungen Bloch, eine Anschauung des Klassengegensatzes vor jeder Theorie. *Die Badische Anilin- und Sodafabrik, der Kern der I. G.-Farben (hierher verlegt, damit Rauch und Proletariat nicht nach Mannheim bliesen), wurde das buchstäbliche Wahrzeichen der Stadt. Drüben lag das Schachbrett der alten Residenz, heiter und freundlich gebaut wie zu Hermann und Dorotheas Zeiten; hatte statt der größten Fabrik das größte Schloß Deutschlands, vielleicht weniger Wahrzeichen, im XIX. Jahrhundert, doch eine schöne Dekoration, die der Bour-*

Ludwigshafen, 1903

Ehrenhof und Mittelbau des Mannheimer Schlosses

Blick auf die BASF

geoisie Haltung gab. *Ludwigshafen dagegen blieb der Fabrikschmutz, den
man gezwungen hatte, Stadt zu werden: zufällig und hilflos, vom Bahndamm im Kreis entzweigeschnitten . . .*[12] Ludwigshafen, das war der Glanz
der Gründerjahre und das Elend der Arbeiter, die diesen Glanz produzierten.
Noch heute hat das vielbändige Bildhandbuch deutscher Kunstdenkmäler von
Ludwigshafen nur eines abzubilden und zu berichten: «Hochhaus der BASF.
Von den Architekten Hentrich und Petschnigg, 1957 vollendet. Das neue
Verwaltungsgebäude der BASF ist das erste Hochhaus mit über 100 m Höhe
in Deutschland (insgesamt 24 Stockwerke)! Modernes, weithin sichtbares
Wahrzeichen der Stadt.»[13] Das ist, ungeachtet der glänzenden Fassade und
einer anderen Art Verelendung unter den Bedingungen der Hochkonjunktur,
immer noch die Erfahrung, die Bloch 1928 beschrieb: *Da ist aufrichtigster
Hohlraum des Kapitalismus: dieser Schmutz, dieses rohe und todmüde*

Proletariat, ausgetüftelt bezahlt, ausgetüftelt ans laufende Band gestellt, dies Projektemachen eiskalter Herren, dieser Profitbetrieb ohne Legendenreste und Phrase, dieser schundig-kühne Kinoglanz in den traurigen Straßen.[14]

Das ist die eine Seite; die andere ist Mannheim. Auch dafür gibt es spätere Erinnerungen, die von Jugenderlebnis getränkt sind. *Ein Schritt über die Brücke und die Luft war anders. Die vielen Wirtshäuser, in denen pfälzische Datteriche saßen und schrien. Ausschank von deutlichem Land bis auf die Schilder: Silberne Schlange und Rosenstöckl, Landkutsche und Zum Goldenen Pfauen; in der Arche Noah biß man vorzüglichen Wein und ganze Ochsenknochen. Eine eigentümliche Landschaft die kleinen Straßen, worin das alles lag. Regelmäßig in Quadraten, wie bekannt, wobei die Straßen zwischen ihnen namenlos sind. Altmodisch ausgerichtet die schmalen Bürgerhäuschen aus dem siebzehnten und achtzehnten Jahrhundert; bauchige Fensterscheiben, oft mit Korbgittern davor, Freitreppen und Balkone vor einigen breiteren, gelagerten Gebäuden, die Fenster ohne Gesims bis zum Boden gezogen. Eine französische Land- und Adelsstadt ehedem . . . Für viele die dort wohnen, vor allem für die Nachbarstadt Ludwigshafen (die nichts zu lachen hatte) war sie schöner freier Nachmittag oder Abend.*[15] Blochs freundliche Erinnerungen an Mannheim gelten vor allem dem Theater und der Bibliothek. In beiden holt sich der Schüler Stoff für seine Phantasie, den ihm die Schule nicht bietet. Da ist es ein glücklicher Umstand, daß dem Nationaltheater eine Allüre von Weltläufigkeit eignete, die den bürgerlichen Bildungsmuff hinter sich ließ. Von hier nahmen Dirigenten wie Weingartner, Furtwängler, Kleiber ihren Ausgang, Klassik und Gegenwart waren im Spielplan niveauvoll vertreten. War die Aktualität des Theaters eine wichtige Anregung für den Knaben, so bot umgekehrt die Inaktualität der Bibliothek einen Schutz vor den Plattheiten des ausgehenden 19. Jahrhunderts. Bloch hebt das ausdrücklich hervor: *Der Zauber der Bibliothek war ihre Unfertigkeit damals, vielmehr der Stillstand ihrer theoretischen Bücher um 1860. Die Gymnasiasten, die Kraft und Stoff für ihre Aufsätze suchten, waren mit der romantischen Ästhetik allein. Primaner mit Weltanschauung fanden Hegel und die Seinen, «Wissenschaft des Weltgedankens und der Gedankenwelt». Von der matten Zeit nachher kam kaum ein Hauch, die Bücher der bürgerlichen Epigonen und Positivisten waren gleichsam noch nicht erschienen. So verfing sich in diesem Schutzpark eine beste alte geistige Zeit. Sie machte den Jüngling, der in die vornehm geschlossene Buchwelt einsprach, einer klassischen Landschaft teilhaftig, als wäre er ihr Zeitgenosse.*[16]

Unmittelbarer aber als Bühne und Bücher wirkte das Fremdartige, das in den Alltag einbrach. Im Rheinhafen gesellten sich die Knaben den Schiffern zu und lauschten deren Seemannslatein. *Auf Schiffen, die von Holland herunterkamen, hörten wir den Matrosen zu, die von Schlangen erzählten, die sie gefressen hatten; einer von uns wurde fast tätowiert.*[17] Die brennende Sehnsucht nach dem Unbekannten befriedigte sich an Kolportage. zu der Bloch bis ins hohe Alter Affinität bewahrt hat; Gespräch wie auch Vorträge werden mit kolportagehaften Bildern gewürzt. Jahrmarkt und Kolportage gelten im *Prinzip Hoffnung* als *bessere Luftschlösser*[18]; da gehen Entzückungen des Knaben ins philosophische Werk ein. Von solchen Entzückungen voll war der Jahrmarkt der Mannheimer Messe, von dem Bloch später erzählt: *Sechs Budenreihen sind auf dem langen Platz aufgestellt, sie zeigen, wie groß die Welt ist. Hier steht eine Bude als Schiffsrumpf und hat die Schrecken des Orinoko in sich, die Muscheln heulen zum Orchestrion und Meerweibchen klirren mit ihren Ketten. Dort sind «Seltene Menschen und ihre Kunst»: ein Cowboy wirft seine Dame von Kopf bis zu Füßen mit Messern ein, Hermaphroditen singen, ägyptische Goldweiber leuchten, lebende Aquarien verschlucken Frösche und speien sie zappelnd wieder aus. Am Schluß zappelt die Bühne selber von Menschen, aus denen ein Magier Hypnose gemacht hat; er sagt auch: wie die alten Brahmanen und Ägypter in ihren «Tempeln und Extrahallen». Afrika und Asien sind vor Anker gefahren, doch ebenso sind wir die Wilden, zu denen Europa kommt. Ein etwas ordinärer Bilderbogen breitet sich da aus, gewiß, doch allein schon seine süddeutsche Fülle unterscheidet ihn vom einfallslosen preußischen Rummelplatz, dem ebendeshalb früh mechanisierbaren. Stattdessen war der Mannheimer Jahrmarkt noch ein Stück Barock des kleinen Mannes, «Curiöses» versammelnd, samt dem wahrsagenden Bären des Zauberers Salandrini und der nie geheuren Wachsfigur.*[19]

Die Phantasie des Knaben ist unerschöpflich; und unersättlich, sie reißt alles an sich, wie sehr es sich auch gegen sie sperren möchte. Kaum ist eine tristere Gegend als die Umgebung Ludwigshafens denkbar: flaches, ungegliedertes Land, häufig von trüben Nebeln verhangen, vom Rauch der chemischen Industrie überlagert; kleine, häßliche Dörfer, staubig und von mürrischem Aussehen. *Rings um Ludwigshafen die dunstige Ebene mit Sumpflöchern und Wassertümpeln, eine Art Prärie, die keine Gütchen und Idyllen kennt, zu der Fabrikmauern und Feuerschlote bedeutend passen; die Telephonstange singt dazu.*[20] Der nach Abenteuern gierende Junge entdeckt dort anderes: *Besonders bei hohem Wolkenstand, gegen Abend, im Herbst, gab die öde und verrauchte Ebene alles her. Manchmal glaubten wir an der Themse zu sein, wo die Polizeischiffe Marryats jagen, oder am Susquehanna . . . Lässig schlugen die Segel an den Mast der Brigg, indessen saß Kilian in seiner Hütte, Mitternacht war längst vorüber und ehe noch der Morgen graut, müssen die Yumas umzingelt sein, Sam Hawkens, Old Wabble, Old Death, Old Surehand, Old Firehand durchstreiften die weite Prärie. Nschotschi leuchtete, Winnetou umarmte Old Shatterhand und nun erst wurde er erkannt, der Blizzard rast, der Hurrikan, der Monsun, der Taifun, dumpf setzt er an, wie eine überblasene Baßtrompete, und nun schwang sich die Fahrt herüber, fort vom Fourche la fave, von Little Rock, tief ins heiße, wimmelnde Asien, den Weg herauf von Bagdad bis Stambul . . .*[21] Das alles fand sich im Hinterland Ludwigshafens, wenn man nur seine Assoziationen schweifen ließ. Jeder Baum und Strauch konnte zum Helden einer Geschichte werden. Abenteuerlust mischte sich mit Romantik. *Bis zu Schmerzen waren wir in die Schönheit von Bäumen, Wolken, den Abendhimmel hineingezogen, mit einem Leid der Sprachlosigkeit davor, das fast zu Halluzinationen trieb. Wir Burschen am Ufer fühlten leibhaftig Nymphen, Baumgötter an sonderbaren Abenden, wenn die Rheinwellen wie Glas standen.*[22] Sicher haben nicht alle Kameraden sich so weit davontragen lassen; bei Bloch jedenfalls ging die Welt in die Einbildungskraft ein.

Am Gegenständlichen hatte die Einbildungskraft auch wenig zu finden.

Verlogenheit und Abscheulichkeit spätbürgerlicher Scheinsymbolik trat gerade in Ludwigshafen, durch keine Erbstücke eigener Geschichte gemildert oder entlarvt, abstoßend vor Augen. *Auf dem Marktplatz steht ein «Monumentalbrunnen» (er heißt so); der ist grau, gelb, weiß, rot, weil er sämtliche Sorten des pfälzischen Sandsteins enthalten sollte. Männerköpfe, Wappensprüche, Säulen, Nischen, Urnen, Kränze, Schiffchen, Kronen, Bronze, Becken, Obelisk, alles im mickrigsten Ausmaß – das Ganze ist vielleicht das schönste Renaissance-Denkmal des XIX. Jahrhunderts. Tausend gute Stuben sehen von diesen Steinen auf uns herab; hier ist 1896 in nuce und in der Provinz. Und vom Bahndamm grüßt eine Trauerweide zum «Jubiläumsbrunnen» herüber (er heißt wieder so): dort steht Gußeisen auf Tuffstein, die Bavaria verleiht der Ludwigshafenia die Stadtkrone, schräg unten lehnt Vater Rhein grottenhaft, gießt spärlich Wasser aus seinem Füllhorn.*[23] Vor solchen phantasietötenden Ungeheuerlichkeiten mußte sich der erwachende Geist ins uferlose Träumen retten. Und kleine Tagträume, wie wir sie in den Erinnerungen an die Jugendzeit auftauchen sehen, kehren im *Prinzip Hoff-*

Monumentalbrunnen auf dem Ludwigsplatz

Weihnachten.

Betragen	Fleiss	Religion	Deutsch	Lateinisch	Griechisch	Französisch	Arithm. Mathem.	Geschichte	Geographie	Naturkunde	Zeichen	Turnen	Bemerkung
(handwritten)	*(handwritten)*	1-2	2-3	3?	3-4	4-3	3-4	2-3	–	–		1-2	*(handwritten)*

Ostern.

Betragen	Fleiss	Religion	Deutsch	Lateinisch	Griechisch	Französisch	Arithm. Mathem.	Geschichte	Geographie	Naturkunde	Zeichen	Turnen	Bemerkung
(handwritten)	*(handwritten)*	1-2	2-1	3?	4-3	3-4	3-4	3?	–	–		1-2	*(handwritten)*

Strafen.

«*Seine Leistungen sind so gering, daß er bei den tiefgehenden Lücken in seinem Wissen nur unter äußerster Anspannung seiner Kraft die Absolventenprüfung bestehen kann.*» Aus einem Zeugnis des Schülers Ernst Bloch (Schuljahr 1904/05, Klasse IX)

nung als Ausgangslage und Indizien wieder.[24] Posas Abschiedswort an Don Carlos möchte als Motto darüberzusetzen sein: «Sagen Sie ihm, daß er für die Träume seiner Jugend soll Achtung tragen, wenn er Mann sein wird» (IV, 21).

SCHULE UND STUDIUM

Wer so in seiner eigenen Welt der Phantasie und der erstrebten Zucht des Denkens lebt – Bloch überliefert ein Jugendwort: *Es gibt nur Karl May und Hegel, alles dazwischen ist eine unreine Mischung*[25] –, der muß es schwer haben mit der Schule und ihren unreinen Mischungen. Bloch war, nach eigener Aussage und nach dem Ausweis erhaltener Schulzeugnisse, kein guter Schüler. Einmal mußte er die Klasse wiederholen, was ihm als Wohltat erschien, weil er dann andere Lehrer und Kameraden bekam, die ihm besser behagten. Daß Blochs Versagen in der Schule wohl eher das eines seiner

E. Bloch

Die erste Seite eines Briefes des jungen Ernst Bloch an Ernst Mach

Lehrer war, bestätigt sich daran, daß die ersten Köpfe der Philosophie jener Zeit, Ernst Mach und Theodor Lipps, Eduard von Hartmann und Wilhelm Windelband, mit dem Schüler korrespondierten. Jedenfalls beschäftigte den Siebzehnjährigen die Philosophie mehr als der Unterrichtsstoff. Hefte wurden mit systematischen Entwürfen vollgeschrieben und im Kreise Gleichgesinnter diskutiert: man kann sich vorstellen, wie Bloch der unbestrittene Wortführer war. Die Titel der Versuche zeigen schon die Klaue des Löwen: *Das Weltall im Lichte des Atheismus, Renaissance der Sinnlichkeit* (und dies in Ludwigshafen!); und weitergreifend, auf Späteres vorausweisend: *Über die Kraft und ihr Wesen* – 1902 ein Jünglingsentwurf, dessen sich 1969 der Greis noch als Anfangsimpuls erinnerte und ihm das Motto für den Band 10 der Gesamtausgabe, die *Philosophischen Aufsätze*, entnahm: *Philosophie der Kraft löst nicht nur alle Stoffe und Elemente in Energie auf wie die Naturwissenschaft, deutet nicht nur das Ding an sich als energetischen allgemeinen Willen, der gleichsam seinen Beruf verfehlt hat, ziellos in sich und seine Kreise zurückfließt: sondern das Wesen der Welt ist heiterer Geist und Drang zum schaffenden Gestalten; das Ding an sich ist die objektive Phantasie.*[26]

Subjekt und Objekt fließen hier noch stürmisch zusammen – die metaphysische Qualität des Willens wird als letzte Realität gesetzt. Das knüpft an eine Linie an, die Bloch später als Verbiegung der philosophischen Heilslinie Hegel–Feuerbach–Marx einschätzt: Schopenhauer–Nietzsche–Eduard von Hartmann. (Letzteren nennt er allerdings immer den *großen Hartmann* im Gegensatz zum *kleinen* Nicolai, von dem es bissig heißt, seine Ontologie sei *so rubrifiziert und so inhaltslos wie die Disposition eines Schulaufsatzes*[27]). Von diesen Weltanschauungsphilosophen des Bürgertums holen Jugendstil und Lebensphilosophie ihren Gehalt und ihre Sprachgebärde. Beides findet sich auch beim Abiturienten Bloch, dem Gären der Jugend angemessen: *Unser Blut muß werden wie der Fluß, unser Fleisch wie die Erde, unsere Knochen wie die Felsen, unser Gehirn wie die Wolken, unser Auge wie die Sonne.*[28] Da ereignet sich 1901, im Schulheft eines Sekundaners, der Übergang vom Jugendstil zum Expressionismus avant la lettre. Schon reifer, kenntnisreicher heißt es dann in dem Manuskript über die Kraft: *Das Wesen der Kraft ist nicht zu errechnen, nur im eigenen Fleisch zu erfahren. Blut und Individualität sind die beiden Essenzen des Lebens; ersteres schafft die Wirklichkeit, letztere prägt die Werte. Diese Philosophie gibt eine Richtung auf die Renaissance und das unentdeckte Land, das hinter der Renaissance liegt: auf die hellenische und germanische Antike als Weltanschauung.*[29] Man kann Nietzsche und Wagner heraushören. Aber es zeigt sich da auch, was Bloch in einer autobiographischen Notiz von der geographischen Herkunft seines Denkens zwischen Ludwigshafen und Mannheim, Schwetzingen, Speyer und Worms bemerkte: *Dieses Ensemble von Fabrik und bunter Aura also mochte wohl die Suche nach einer Philosophie nahelegen, einer zwischen Verstand und Aura unzerstückelten.*[30]

So macht, diesseits seines eigenen Denkens, der Zwanzigjährige mit Ach und Krach das Abitur. Und geht, um Philosophie, Musik und Physik zu studieren, zunächst nach München, wo er Theodor Lipps findet, mit dem er zuvor schon Briefe gewechselt. Nicht an den braven deskriptiven Psychologen, sondern an den integren, gar kämpferischen Moralisten erinnert sich

Bloch später am nachhaltigsten. 1914 schreibt er in einem Nachruf auf den verstorbenen Lehrer: *Es sei nur an sein Auftreten in einer Protestversammlung gegen die Greuel der russischen Revolution erinnert, wo der Professor 1905 gegen die Knute sprach wie ein deutscher Student fast hundert Jahre vorher auf der Wartburg. «Ich scheue nicht das Wort Revolution. Es gibt ein unzweifelhaftes Recht derselben. Revolution ist Recht, wenn sie Pflicht ist. Und sie kann Pflicht sein, heiligste Pflicht. Kein Volk hat das Recht, sich sittlich zugrunde richten zu lassen. Und wehe dem Volk, das nicht die sittliche Kraft hat, jene Pflicht der Revolution zu erfüllen, wenn sie ihm zur Pflicht geworden ist.»*[31] Solche Töne mußten dem jungen Bloch gefallen, der von sich selbst sagt: *Ich erinnere mich, früh auf den Geschmack gekommen zu sein. Aufsässig gegen Haus und Schule, der rote Faden spann sich an.*[32] Dergleichen hörte man danach auf deutschen Universitäten auch nicht oft. Dreißig Jahre später fehlte den deutschen Professoren der Mut und die Gesinnung zur Revolution, als sie Pflicht gewesen wäre. Doch ungeachtet der Achtung, die er ihm zollte, blieb Lipps philosophisch für Bloch unbefriedigend; ihm mußte die Unschärfe, mit der Aktpsychologie und Logik ineinander übergingen, und die rigide Trennung von Akt und Inhalt mißfallen. Dennoch war der Entschluß, von München nach Würzburg zu Oswald Külpe überzusiedeln und dort zu promovieren, nicht wissenschaftlich begründet; vielmehr, so bekennt der alte Bloch mit der ihm eigenen Mischung von Selbstbewußtsein und Selbstironie, sagte er sich, *von einem heutigen Philosophieprofessor könne er doch nichts lernen, also sei es gleich, wo er studiere*[33]. Ganz beziehungslos blieb die Wahl wohl doch nicht. Külpes neukantianisch gewendeter, aber von der Marburger und der süddeutschen Schule doch deutlich unterschiedener erkenntnistheoretischer Realismus lag Bloch jedenfalls näher als die damals an den glanzvollen Zentren der Philosophie vertretene Lehre. Darin traf er sich mit einem anderen Külpe-Schüler, dem damals noch neuscholastischen Martin Heidegger, der Külpe als Brücke zwischen Kant und Thomas auffaßte. Realismus implizierte für Bloch aber schon damals eine metaphysische Systematik, ohne welche die Erkenntnistheorie in der Luft hängenbliebe. So schloß auch die Dissertation, kritischen Erörterungen zu Heinrich Rickert gewidmet, mit der nachdrücklichen Forderung nach einer neuen Metaphysik.

Damals war der Student schon von dem Kerngedanken seines späteren Lebenswerkes blitzartig getroffen. Zweiundzwanzigjährig machte er, wie in einer Erleuchtung, *die Entdeckung des Noch-Nicht-Bewußten, die Verwandtschaft seiner Inhalte mit dem ebenso Latenten in der Welt*, und schreibt nieder: *Besonders in der schöpferischen Arbeit wird eine eindrucksvolle Grenze überschritten, die ich als die Übergangsstelle zum noch nicht Bewußten bezeichne. Mühe, Dunkel, krachendes Eis, Meeresstille und glückliche Fahrt liegen um diese Stelle. An ihr hebt sich, bei gelingendem Durchbruch, das Land, wo noch niemand war, ja das selber noch niemals war. Das den Menschen braucht, Wanderer, Kompaß, Tiefe im Land zugleich.*[34] Das ist die Geburtsstunde des Systems, das sich von nun an, in siebzig Jahren, Schritt um Schritt, Ring an Ring sich fügend, entfalten wird.

BERLIN 1908–1911

Oswald Külpe ist, wie Bloch einmal sagte, *ein sehr anständiger Mann gewesen; obwohl ihm das sicher nicht lag, hat er mich schon im 6. Semester promoviert*[35]. Auch hat er an ihm den Sinn für Enzyklopädisches gerühmt. Aber nicht Külpes wegen war Bloch nach Würzburg gegangen, sondern wegen einer Studentin[36]; und vorher nach München auch nicht wegen Lipps, *sondern der wesentliche Grund war erstens die große Boheme, und zweitens eine kleine Bohemienne, eine siebzehnjährige Schauspielerin. Sie war mir bedeutend wichtiger als der Philosophieprofessor Theodor Lipps.*[37] Nun, nach der Promotion, zog es Bloch nach Berlin – *ein München sehr anderer Ordnung*[38]. Dafür gab es objektive Gründe. Die Hauptstadt des Deutschen Reiches war, anders als das artistisch-autistische München, der Mittelpunkt jener geistigen Welt, die das Vorkriegsdeutschland prägte. Hier fand sich die Innerlichkeit des deutschen Bürgertums und sein aggressiver Imperialismus, hier fand sich aber auch die aktuellste, akuteste politische und kulturpolitische Opposition – akut, weil sie nicht aus der entlegenen, provinziellen Ferne ihren Pfeil abschoß, sondern sozusagen im Nahkampf die Gewalten des Staates bestehen mußte. Herwarth Waldens Kritik war schärfer als die des «Simplicissimus», hautnäher. Die Berliner Luft prickelte, im wirklichen wie im übertragenen Sinn.

Attraktiver für den jungen Philosophen war wohl noch ein anderes Stück

Georg Simmel

Berlin, nämlich Georg Simmel, der dort als a. o. Professor lehrte und in seinem Privatissimum einen außergewöhnlichen Kreis talentierter und geistvoller junger Leute um sich sammelte (Bernhard Groethuysen gehörte dazu). Bloch, dessen Dissertation schon von Simmels kulturphilosophischem Einfluß zeugte, suchte den Kontakt mit dem funkensprühenden Mann, der Geschichtsphilosophie und Soziologie, Kulturphilosophie und Metaphysik zu einer facettenreichen Weltanschauung verband. Simmel hatte eine Neigung zur Pointe, zum Paradox, auch zum jüdischen Hintersinn, die Bloch goutieren mußte. So hält er Beiläufiges von Simmel als dessen Bestes fest: *Im Kleinen brachte das Denkspiel, bis herab zur Denkspielerei, manch Erfahrenes oder auch Alternativisches, das sonst unter den Tisch gefallen wäre, gleichsam lebend heim. Einige ungedruckte Aussprüche Simmels passen so hierher, sie alle der Lust der Abschweifung gehorchend.* Vertrackt die grammatisch-logische Verdrehung der Negation: *Es gibt Fälle, wo sich raten läßt, man nehme kein Haar und spalte es.* Valentinisch das Spiel mit der Relativität: *Vielleicht sind auf der Welt nur fünfzehn Menschen, die bewegen sich aber so schnell, daß man meint, es seien mehr.* Angostura der Parallelismus von Freunden und Schlangen: *Merkwürdig, daß auch Freunde mit einem Schlag weg sind, wenn sie abreisen, statt allmählich abzureisen, wie die Schlangen.*[39]

Zu eben diesem Simmel begab sich Bloch, um sich für das Privatkolloquium anzumelden. *Simmel empfing ihn erst etwas geheimrätlich: «Halten Sie es für ein so großes Verdienst, zu promovieren?» In das in seiner Wohnung stattfindende Kolloquium könne er ihn nicht aufnehmen, da dort nur für zwölf Personen Platz sei. Fast schon entlassen, begann Bloch wohl eine halbe Stunde lang seine Ontologie des Noch-nicht zu entwickeln. In Simmels Augen kam währenddessen mehr und mehr ein sympathetisches Leuchten. «Es scheint, daß philosophische Probleme Sie interessieren», sagte er mit betontem understatement, und schon am nächsten Tag erhielt Bloch eine Rohrpostkarte, daß er in das Kolloquium aufgenommen sei.*[40] Bald wurde aus der philosophischen Beziehung eine Freundschaft, die auf einer gemeinsamen dreiwöchigen Reise durch Italien, anläßlich Simmels 50. Geburtstag, gefestigt wurde. Italien-Reisen scheinen überhaupt fruchtbar für werdende Freundschaften: 1912 weilt Bloch mit Lukács, den er bei einem Besuch in Budapest kennengelernt hatte, im Südland. Es ist die Zeit des «Wandervogels», das mag abgefärbt haben. Lukács schätzte zu jener Zeit die Intimität gemeinsamer Gefühle, wie sie sich in Georges Lyrik ausdrücken: «Der Mensch der George-Lieder ist ein einsamer, aus allen sozialen Banden gelöster Mensch . . . Und doch ist diese Lyrik die Lyrik menschlicher Beziehungen. Der ‹inneren Gesellikeit›, um ein schönes Wort Georges zu gebrauchen. Die Lyrik der Freundschaften, der seelischen Näherungen, der intellektuellen Verhältnisse. Sympathie, Freundschaft, Schwärmerei, Liebe verschmelzen hier ineinander; erotisch stark ist jede Freundschaft und tief intellektuell jede Liebe. Und bei den Scheidungen weiß man nur, daß etwas nicht mehr ist, niemals, was es war, das dort aufgehört hat zu sein. Die große Diskretion ist hier beinahe symptomatisch: Symbol des Ineinanderfließens der heutigen Gefühle.»[41] Demgegenüber hat Bloch 1912 sich treffend vernichtend über George geäußert – und das, obschon doch Simmel unter die Freunde Georges zu zählen war. *Sauer oder ölig sammelt es sich um George an, Ladenschwengel erscheinen mit fettem Weiheton, Spießbürger letzten Endes oder wie sich der Rentner als «Strahlige Kräftekugel» erscheint mit der Mitte im Besitz; eitle, eingebildete Mediokritäten tragen sich antik und katholisch zugleich, als wäre dies Kunstgewerbe, sind lächerlich in ihrer Reife, ihrer Geschlossenheit, ihrer Beschimpfung der Sehnsucht, dieser einzig wahren Eigenschaft ehrlicher Menschen.*[42] Da zeigte sich: nur wer auf irrationale Tiefen sich eingelassen, sich in sie hinabgelassen hat, ist gegen den Kitsch des Irrationalen so gefestigt wie allergisch.

Wie zur inneren Absicherung gegen das Irrationale, das in der Intuition von Noch-Nicht-Bewußtem aufgebrochen war, arbeitete Bloch in jenen Jahren sich am spröden, strenge Disziplin formalen Denkens fordernden Stoff der Logik ab.

Berge von ungelingenden Manuskripten folgten danach, asketisch in der formalen Logik angesiedelt (um von dieser her, als «innerer Linie», jederzeit auf kürzestem Weg die großen Probleme übersichtlich zu haben). Der weitere, nicht so asketische, durchaus welthaltige Part unterlag dafür einem besonders starken Ordnungspathos: alles einordnen wollend, systematisch Raum schlagen wollend (freilich zur Welt als einem «Reich», mit dem eschatologischen Rand).[43] Wie Logisches später im Werk aufgehoben ist, wird nur noch dem Kenner spürbar: zuweilen durchbrechend in der erleuchtenden Freilegung der Schichten der Kategorie Möglichkeit, in den Erörterungen des Universalienproblems, in den konzisen Reflexionen zur Ontologie des Noch-Nicht-Seins, in den herzhaft erfrischenden, zu beherzigenden Anmerkungen zur Logistik.[44]

Das Logikum Blochschen Denkens, in der Frühzeit explizit, wird dann von den materialen Gehalten aufgesogen. Es bleibt gleichsam nur als unsichtbare Substruktion erhalten. Über ihr erhellt sich jedoch die vielgliedrige Ordnung des Gesamtwerks, der strenge Wille und die gesammelte Kraft zum System, die erst den Philosophen ausmacht.

Die ersten Berliner Jahre: in ihnen bilden sich geistige Freundschaften; in ihnen war die Gärung des Gedankens, der Anlauf zum Schreiben, auch die Erfahrung, daß der Philosoph nicht von Philosophie dispensiert ist. Berliner Erfahrung ist dies: *Korpsstudent und Gardeleutnant, das ist das tonangebende deutsche Gesicht geworden. Ein einziges Protzentum ist die Oberschicht selber geworden, ein grundfalsches, mit Wilhelm II. an der Spitze. Hei, wie das rasselt, wie das blitzt, wenn Roß und Reiter zu Pferde sitzt. Der vorhandene Adel karikiert allermeist nur den wirklichen, der in einigen Gestalten einmal gewesen ist ... Der freundliche, älter verwurzelte Süden ist zu schwach; die Isar und das Kloster Schäftlarn kommen gegen die chemischen Abwässer und die Pickelhaube nicht auf.*[45] Berlin ist die scharfe Gegenwart. Dennoch zieht Bloch wieder in die Länder jenseits der Mainlinie, wo Preußisches sich nicht so penetrant durchsetzt. 1911 nimmt er Wohnsitz in Garmisch, ab 1912 abwechselnd mit Heidelberg. Mitspielen mochte eine innere Ablösung von Simmel, den er schon 1913 nicht mehr sehr wohlwollend einschätzte: *Simmel, der feinste Kopf unter den Gegenwärtigen, aber darüber hinaus völlig leer, ein zielloser Mann, der alles will, nur nicht die Wahrheit, ein Sammler seiner vielen Standpunkte um die Wahrheit herum, ohne sie jemals besitzen zu wollen und zu können. Ein Varieté von Relationen, kurz abbrennend und nur von Fall zu Fall, zumeist nichts als geistreich, nichts als stets wiederholter Eiertanz und deshalb rasch zur Langeweile umschlagend, kokett, ohne jemals Farbe zu bekennen und im Ganzen durchaus außer Willens, außer Stande, die Sensibilität seiner Methodologie, seiner darum herum gehenden Methodologie in die Sache selbst verantwortlich einzusetzen; ein sich überall hinein- und auch wieder herauswindender Psychologe, dem man zu viel Härte des Begriffs antut, wenn man ihn einen prinzipiellen Relativisten nennt.*[46] Ernüchterung hatte stattgefunden.

HEIDELBERG 1912–1914

In den Jahren vor dem Ersten Weltkrieg war Heidelberg ein Treffpunkt junger Wissenschaftler, die von der geistigen Aufbruchbewegung der Epoche des Jugendstils und des frühen Expressionismus erfaßt waren. Einige von ihnen, nicht einmal alle, waren als Dozenten der Universität verbunden, andere kamen nur im Umkreis bedeutender Hochschullehrer zusammen. Zwei Welten trafen aufeinander: die der alten Geheimräte, die noch bei Kerzenschein höchst zeremonielle Diners zelebrierten, nach denen sich Damen und Herren strikt getrennt, diese ins Rauchzimmer, jene in den Salon, zurückzogen; und die einer jugendbewegten Generation mit bohèmehaftem Gehabe und voll konfuser Ideale, in denen sich Psychoanalyse und Sozialismus, Frauenemanzipation und religiöse Erlösungsvorstellungen unausgegoren und seltsam vermischten. Max Webers Haus war der Ort, wo beide Ströme sich kreuzten. Die unruhevolle Stimmung der jungen Stürmer und Dränger schildert Marianne Weber in ihren Erinnerungen: «Um diese Zeit schießen dem zünftlerischen Kern des Heidelberger Geisteslebens allerlei neue Strahlen zu: Junge Leute ohne Amt in allen Stadien der Entwicklung, die irgendwann in den inneren akademischen Bezirk eintreten oder auch nur in einer Luft leben wollen, die geistiger Arbeit Eigenwert verleiht. Moderne Strömungen fluten von draußen an das gastliche Ufer der kleinen Stadt. Neben die festgefügten Gehäuse der älteren Generation stellen junge Leute einen andern Lebensstil jenseits der Konvention. Gesellschaftliche Freiheit beginnt sich zu entwickeln, wie sie bisher nur in Münchner Künstlerkreisen zuhause war. Neue Typen, in ihren Impulsen mit den Romantikern verwandt, stellen wieder einmal ‹bürgerliche› Denk- und Lebensordnungen in Frage. Sie kämpfen im Namen persönlicher Freiheit um alte und neue Ideale der Lebensgestaltung. Die Geltung allgemeinverbindlicher Normen des Handelns wird bezweifelt, man sucht entweder ein ‹individuelles Gesetz› oder verneint das ‹Gesetz›, um über dem sich immer verändernden Strom des Lebens nur das G e f ü h l walten zu lassen . . . Diese jungen Philosophen bewegten eschatologische Hoffnungen auf einen neuen Gesandten des überweltlichen Gottes, und sie sahen in einer durch Brüderlichkeit gestifteten sozialistischen Gesellschaftsordnung die Vorbedingung des Heils.»[47] Georg von Lukács, der damals noch seinen Adelstitel führte, wurde vom Ehepaar Weber freundschaftlich aufgenommen, Max Weber schätzte die Entwürfe zur Ästhetik.[48] Lukács war es auch, der Bloch bei den Webers einführte. Auf die handfeste, an sozialwissenschaftlichen Erfahrungsgehalten orientierte Verständigkeit Webers machte der genialische Irrationalismus des jungen Bloch allerdings keinen großen Eindruck, wie die eher sarkastische Schilde-

Heidelberg, vom Philosophenweg aus gesehen

rung Marianne Webers dokumentiert: «Gerade war ein neuer jüdischer Philosoph da – ein Jüngling mit enormer schwarzer Haartolle und ebenso enormem Selbstbewußtsein, er hielt sich offenbar für den Vorläufer eines neuen Messias und wünschte, daß man ihn als solchen erkannte.»[49] Daß einer ein anderer ist, als er in seiner Verständigkeit zu sein wähnt, hat Bloch gerade schon in dieser als *arm und matt, öd, angstvoll, künstlich abgestumpft*[50] erlebten Zeit den Menschen vorzuhalten versucht. *Was wir äußerlich geworden sind, gar was man aus uns herausgemacht, hingestellt hat, ist uns so oft nicht gemäß. Hier werden die meisten sich noch eigens versteckt und verlernten so oft, sich an die Nase zu greifen, ob sie das sind. Heraus aus dem Dunkel, innen und außen, darauf kommt es an. Wir sind uns selber so fremd wie entfremdet, zu uns nicht vermittelt. Und keine Lage, in die wir uns brachten, gar in die wir gebracht wurden, ausgebeutet und gar erst ausbeutend, war das, was eine menschliche genannt werden konnte. Diejenige, welche zu uns paßt, muß erst noch gefunden, erkämpft werden.*[51] Verschwendet waren allerdings solche Fragen an einen Friedrich Naumann, den nationalliberalen Pragmatiker einer großbürgerlichen «Sozialordnung», und dieser reagierte auch nur beschwichtigend, als er Bloch im Hause Webers begegnete: «Von der Höhe seiner apokalyptischen Spekulationen richtete er allerlei Fragen an Naumann, der war sehr liebenswürdig, hatte aber offenbar den Eindruck mit einem etwas Verdrehten zu tun zu haben.»[52]

Heidelberg war in den Jahren vor dem Ersten Weltkrieg nur der eine Pol, auf den hin Bloch orientiert war: Freunde, Gesprächspartner, Klima philosophischer Kommunikation. Der andere Pol lag weit südlich in Garmisch, wo das erste große Werk sich vorbereitete. Dort hatte Bloch Wohnsitz genommen, in jener Ehe *mit der edlen frommen Frau im Haus*[53], Else von Stritzky, Bildhauerin aus Riga. Ihr ist der *Geist der Utopie* gewidmet – und in der Tat steht dieses Buch den Simmel, Lask, Lukács so sternenfern, daß es nur einem ganz anderen Menschen und Geist zugesprochen sein könnte. Auch der Ton ist anders, wie sich aus Vergleichen mit dem gleichzeitigen theoretisch scharf akzentuierenden Essay *Das noch nicht bewußte Wissen* zeigt, der 1919 in den

Max Weber

«Weißen Blättern» erschienen war. Mit polemischer Unterscheidung zur Freudschen Psychoanalyse heißt es hier: *Was niemals bewußt war, kann auch nicht unbewußt werden ... Auf neu gesetzte Anfänge kommt es an, statt archaischer, auf ein Noch-Nicht-Bewußtes und seine Inhalte über den Höhen des vorhandenen Bewußtseins, statt eines nur Nicht-Mehr-Bewußten im psychisch-archaischen Keller.*[54] Das Programm einer Philosophie des antizipatorischen Bewußtseins ist aufgestellt.

Im *Geist der Utopie* aber geht es nicht um Reflexion. In der Sprache des Propheten leuchtet, wetterleuchtet messianische Verkündigung. Dies ist die authentische Weltanschauung der expressionistischen Generation[55] im Stil wie im Inhalt. Religion und sozialistische Erwartung, Kunst und Moral, Humanum und Zeitkritik verschmelzen zu einer Rhapsodie. *Wie nun? Es ist genug. Nun haben wir zu beginnen. In unsere Hände ist das Leben gegeben. Für sich selber ist es längst schon leer geworden. Es taumelt sinnlos hin und her, aber wir stehen fest, und so wollen wir ihm seine Faust und seine Ziele werden ... Was jung war, mußte fallen, aber die Erbärmlichen sind gerettet und sitzen in der warmen Stube ... Ein stickiger Zwang, von Mittelmäßigem verhängt, von Mittelmäßigen ertragen; der Triumph der Dummheit, beschützt vom Gendarm, bejubelt von den Intellektuellen, die nicht Gehirn genug auftreiben konnten, um Phrasen zu liefern ... Das macht, wir haben keinen sozialistischen Gedanken ... Wir bringen der Gemeinde nicht mit, weswegen sie sein soll, und deshalb können wir sie nicht bilden ... Das Rechte zu finden, um dessentwillen es sich ziemt, zu leben, organisiert zu sein, Zeit zu haben, dazu gehen wir, hauen wir die phantastisch konstitutiven Wege, rufen was nicht ist, bauen ins Blaue hinein, bauen uns ins Blaue hinein und suchen dort das Wahre, Wirkliche, wo das bloß Tatsächliche verschwindet – incipit vita nova.*[56] So überschwenglich kündigt das Buch seine Absicht an.

Eine erste opusmäßige Bekundung, musikhaft, sozialistisch, metasozialistisch, ein noch überladenes Kompaktum ...[57] Die Größe des Buchs liegt in seinem Gedankenzug, der noch die entferntesten Paradigmen der Weltgehalte in eine geschichtsphilosophische Begegnung hineinreißt. Die Welt zeigt ihr Wesen im metaphysischen Bild, das jedoch so direkt angesprochen wird, als sei es die unmittelbare Wahrheit des Transzendenten. An den Kunstformen werden wir des Treibens über uns hinaus bewußt: antiklassisch, denn griechisches Maß wird als kleines Leben, ägyptische Geometrie als Todeskristall verworfen: *Denn das griechische Leben ist flach und das ägyptische, der begriffene Stil, ist tot. Aber das innere Leben glüht und stampft ... Die griechische Linie trägt nichts als das Lebendige in seiner äußeren Erscheinung, als die jedem sichtbare, geheimnislose, epidermale Organik und ihren leichten, geschmackvollen, vom inneren beseelten Gleichmaß her bestimmten Rhythmus. Die ägyptische Linie kennt überhaupt nur Strenge ... Dagegen die gotische Linie hat den Herd in sich; sie ist ruhelos und unheimlich wie ihre Gestalten ... nur die nordisch-gotische Linie trägt so das Zentralfeuer in sich, auf dem sich das tiefste organische und das tiefste geistliche Wesen zugleich zur Reife bringen ... Mithin: wir können nichts anderes als die endlose Linie wollen, ohne uns um uns selbst zu betrügen.*[58]

Ein Stilgefühl wird auf äußerste Lebenshaltung hin zugespitzt, das auch die Kunsttheoretiker der Epoche formulierten: Wilhelm Worringer etwa oder

Else Bloch von Stritzky

Wilhelm Pinder: «Der Wert einer Linie, einer Form besteht für uns in dem Werte des Lebens, das sie für uns enthält. Sie erhält ihre Schönheit nur durch unser Vitalgefühl, das wir dunkel in sie hineinversenken . . . Die Tektonik der Griechen besteht nun in einer Beseelung des Steins, d. h. dem Stein wird ein organisches Leben substituiert . . . Beim gotischen Dom dagegen lebt die Materie nur von ihren eigenen mechanischen Gesetzen; diese Gesetze aber

Wilhelm Pinder

sind trotz ihres abstrakten Grundcharakters lebendig geworden, d. h. sie haben einen Ausdruck bekommen» (Worringer).[59] Und anläßlich einer gotländischen Ornamentspange von einem Pferdegeschirr schreibt Pinder Grundsätzliches zur expressiven Gestik: «Auch Ornament ist Sprache und Gebärde. Hier ist sie ganz und gar tätig im Ausdruck. Schon daß sie alle Winkel, alle Geraden, alle schließenden Formen der niederen Geometrie vermeidet, daß grundsätzlich nur die höhere, die zeitnähere mathematische Welt der gekrümmten Formen zugelassen ist, bezeichnet nicht nur die reife und spätere Höhe des schöpferischen Gedankens, sondern die besondere Art des Verhaltens zur Welt überhaupt . . . Jede Form tut etwas: sie bäumt sich, duckt sich, richtet sich ‹plötzlich› auf und verschlingt sich mit anderen zu einer höheren Ordnung bewegten Tuns in der Zeit.»[60]

Wo die sich verströmende Subjektivität so im Mittelpunkt steht, wo die Intention sich so auf die Unendlichkeit richtet, daß die Gefaßtheit in endliche, diesseitige Form als schnöder Konformismus mit der schlechten Wirklichkeit gilt, da können die bildende Kunst und auch die Literatur nur Vorstufen sein. Erst in der Musik verwirklicht sich die Gebärde des Überschreitens rein: *Der treffende Blick hat sich gewandelt; die Perser und Ägypter, die Griechen und Scholastiker, allesamt ohne jede nennenswerte Tonkunst, diese Meister des Fertigen und Geschlossenen, der festen Figuren und Definitionen, der Abspiegelungen statt der Erzeugungen, haben ihren Lohn, den Lohn des bildhaften Hellsehens und des garantierten Himmels voll lauter Sichtbarkeiten und Objektivitäten dahin; aber den neuen Menschen ist statt des alten Bilderreichs, statt des alten heimatlosen Überschwangs der Trostgesang der Musik geschenkt worden. Darum wurden die großen Musiker in dem Maße bedeutend, als sich die feste geistige Bindung des Mythos lockerte, und sie sind in dem Maße gewachsen und konstitutiv geworden, als auch die Philosophie gezwungen, begnadet wurde, auf Tathandlung, die Substanz als Prozeß, die Wahrheit als Weltaufhebung auszugeben.*[61] Das Schicksal der Welt, das Ende der Weltgeschichte, wird so in die Antizipation durch Musik verlegt, die apollinische Gestalt löst sich in dionysischem Strom auf: *. . . so wollen wir den Primat eines sonst Unsagbaren der Musik anweisen, diesem Kern und Samen, diesem Wiederschein der bunten Sterbenacht und des ewigen Lebens, diesem Saatkorn zum inneren mystischen Meer des Ingesindes, diesem Jericho und ersten Wohnort des heiligen Landes . . . Die Musik ist eine einzige subjektive Theurgie.*[62] (Muß man darauf hinweisen, daß Nietzsche wie Bloch, die beide der Musik den höchsten metaphysischen Rang unter den Künsten einräumen, hochgradig kurzsichtig waren?) Wird in der Kunst beispielhaft die Grundverfassung unseres Daseins erkennbar, so mündet die Kunstmetaphysik in den geschichtsphilosophischen Entwurf ein. Aus dem mündlichen Ornament der musikalischen Form entspringt die Gestalt der unkonstruierbaren Frage. Sie ist unkonstruierbar, weil sie als Frage nach dem Sinn und Ende schon das Ganze müßte bedenken können, das doch nie konstruktiv, sondern nur metaphorisch zu fassen ist. *Denn wir tragen den Funken des Endes durch den Gang. Und zuletzt schlägt deshalb auch das Denken gleichnishaft um . . . Eine gleichnishafte Sprache kommt herauf, in ihren Bildern, in dem Tropus unserer selbst, nur weiter nach oben, wahrhaft über das menschenhafte Ich hinaus geschoben, als das, was in uns zuletzt verborgen treibt, als echtes ontologisches «Symbol».*[63] Das Symbol selber aber ist die Wirklichkeit des von ihm gemeinten. Und so ist die Transzendenz des Endes immer schon in jedem Augenblick anwesend, wie verschüttet und verdeckt auch immer: *dies ist das lösende, kontemplative, substantielle Element des Weltgangs,* und darin ist *das motorische Element des Weltgangs, die Unruhe des sich suchenden ich bin's oder Jetzt, sein Wort zu finden*[64] religionsphilosophisch aufgehoben. *Darum also tragen wir den Funken des Endes durch den Gang. Wie wir wandern, so will die Welt selber in unserer Wanderschaft zu Ende wandern. Mit uns wachen die Dinge auf, völlig jenseits ihrer gerade zuständlichen Logik, und treiben in der objektiven Phantasie.*[65] Da können sich dann Karl Marx und die Apokalypse im Schlußkapitel zu einem Bild ineinanderschieben, der Sozialismus und das Messianische eine Figuration bilden, in deren Zentrum die universale Selbstbegegnung des Menschen, die mystische Unitas des Ich mit dem All als das eschatologische Symbol steht. In diesem Buch ist Bloch ein ganz und gar singulärer, Christentum, Judentum und Sozialismus auf häretische Weise durcheinanderwerfender und verkehrender Mystiker. Doch in der alchemistischen Glut härtet sich der Stoff, an dem die Philosophie geschmiedet wird. *Es gilt einen Begriff zu finden, der sich müht, alles Vergangene neu zu betreiben und das Zukünftige neu zu beraten, von dem Einen den Druck des ungesühnten Vergehens, von dem Anderen den Charakter des friedlosen, unbeherrschten Abenteuers abhebend, ein motorischer und danach erst kontemplativer Begriff, der dazu hilft, ans Ende zu sehen, überall in allen Teilen und Sphären der Welt die Pforten Christi zu öffnen, das Ende der Geschichte zu entdecken, Gott zu rufen, wie er am Ende der Geschichte sein wird, hinter dem ungeheuren Problem einer Kategorienlehre der unfertigen Welt.*[66]

Erste lebenslange Freundschaften bildeten sich aus. Die mit Simmel allerdings zerbrach, als dieser 1914 in den Hurra-Patriotismus der deutschen Kriegsbegeisterung einstimmte. Bloch grüßte den älteren Freund auf der Straße in Heidelberg nicht, als dieser zu einem Vortrag nach dort kam: doch Simmel grüßte. Daraufhin besuchte Bloch entgegen seiner ursprünglichen Absicht den Vortrag und reagierte voll Empörung. Er schrieb Simmel einen Trennungsbrief, in dem er die Absage formulierte: *Ein ganzes Leben lang wichen Sie der Wahrheit aus, als ob Sie sie sähen, und jetzt finden Sie das Absolute im Schützengraben. Nein, das nicht!*[67]

Enger und inniger wurde hingegen das Verhältnis zu Lukács, über das Bloch 1959 rückblickend schrieb: *Freundschaft und Symposion zu dieser Zeit mit Lukács, er noch mit Eckardt und Ethik, mit den Konfinien von Moral und Kunst beschäftigt, ich noch mit Thomas und den Systemationsproblemen einer neuen «Summa» (einer allerdings fahrenden, worin kein schon vorhandenes Ziel in ihre Kreise sah!).*[68] Emphatischer noch in anderen Notizen: *Wir waren so verwandt geworden, daß wir wie kommunizierende Röhren funktionierten. Ich war immer wieder von Heidelberg weg, habe eigentlich meinen Schreibtisch in Garmisch stehen gehabt, Garmisch und Heidelberg haben alterniert; in Garmisch sind auch die Anfänge meiner Philosophie schriftlich entstanden – also eine bayerische Geburt, mit dem Willen, der Alpen würdig zu sein, die ich vor meinem Fenster hatte. Wenn wir getrennt waren, ich in Garmisch und Lukács in Heidelberg oder sonstwo, und wir uns dann wiedersahen nach ein oder zwei Monaten – da konnte es vorkommen, daß ich oder er dort anfingen zu sprechen oder zu denken, wo der andere gerade aufgehört hatte. In der Zwischenzeit war ganz Verwandtes in uns geschehen, obwohl wir gar nicht miteinander gesprochen hatten, so daß wir uns, wie wir es nannten, einen «Naturschutzpark der Differenzen» bauten, indem wir einige Gegensätze sozusagen synthetisch herstellten . . . Das im Zeichen Hegels, eines totalen Systemwillens, freilich eines stets dialektisch-paradox unterbrochenen, und – bei mir vor allem – futurisch, ja «eschatologisch» offenen . . . Erst die spätere Orthodoxie bei Lukács machte dieser Freundschaft vorübergehend ein rein sachliches Ende.*[69] Die Entfremdung wurde öffentlich im Expressionismus-Streit, aber schon Blochs Besprechung von «Geschichte und Klassenbewußtsein» macht deutlich, daß die philosophischen Wege sich trennen: wie Bloch Lukács versteht, weist in eine andere Richtung als jene, die Lukács selber einschlug. Lukács hat das vielleicht deutlicher gesehen als Bloch, der auch später noch die Übereinstimmung im Zeichen von «Geschichte und Klassenbewußtsein» festhielt. Lukács hingegen grenzt klar ab: «Einerseits ist Bloch für mich eine glanzvolle Jugenderinnerung, es war mir ein großes Erlebnis, als ich ihn kennengelernt habe, inmitten dieser Professorenphilosophie ist plötzlich jemand auferstanden, der die Muttersprache der alten Philosophen und im Geist der alten Philosophen gesprochen hat. Das war ein großes Erlebnis für mich, und lange Zeit waren wir in einer sehr intimen Freundschaft. Der Krieg hat hier keinen Schaden gemacht, denn sowohl Bloch wie ich hatten den Krieg vom ersten Moment an heftig abgelehnt, und wir haben uns beide in einer linken Richtung entwikkelt. Nur dann kam natürlich die Differenz heraus. Ich glaube, man muß heute nur den *Geist der Utopie* oder den *Thomas Münzer* von Bloch neben meine ‹Geschichte und Klassenbewußtsein› stellen, um zu sehen, daß damals schon eine vollkommene Scheidung der Wege da war, obwohl wir beide links und auf der Seite des Kommunismus waren. Ich meine, diese Scheidung hat sich für mich vertieft, mit jedem Schritt, mit dem ich ein echterer Marxist geworden bin.»[70] Immerhin blieb, ungeachtet ideologischer Differenzen, die gegenseitige Achtung und Zuneigung erhalten; und 1972 widmete Bloch das *Materialismusproblem dem Jugendfreund Georg Lukács.*

Noch in Berlin entstand eine andere Freundschaft, die ein Leben lang hielt: mit Margarete Susman, der jüdischen Schriftstellerin, einer fast mythischen Figur in unserer Zeit. Sie war es auch, die in der «Frankfurter Zeitung» den *Geist der Utopie* begeistert und gedankenvoll begrüßte, beginnend mit dem Satz: «Dem, der in einer eisigen Sturmnacht im Schnee verirrt plötzlich vor sich ein einsames Licht aufblinken sieht, mag es ähnlich ums Herz sein wie dem, der in der finsteren, armen Sturmnacht der Kriegszeit plötzlich im Herzen Deutschlands ein fremdartig glühendes Licht aufgehen sah: eine neue deutsche Metaphysik.»[71] Zu den Heidelberger Freunden gehörte Emil Lask, der im Kriege fiel, und der auf Lukács und Bloch, mittelbar aber auch auf Heidegger wirkte. 1923 sagte Bloch von ihm: *Lasks tiefsinnige Untersuchungen, mannigfach auf Lukács' Problemstellung bezüglich, sind bislang ohne Fortführung geblieben.*[72] Und noch im *Materialismusproblem* wird mit Anerkennung auf Lasks Kategorienlehre Bezug genommen.

Von höchster Bedeutung aber war die Begegnung mit Walter Benjamin. 1917 war Bloch wegen hochgradiger Kurzsichtigkeit dienstuntauglich geschrieben worden. Die Freistellung von der militärischen Meldepflicht ermöglichte ihm, in die neutrale Schweiz umzusiedeln, wo er an einem Forschungsauftrag des Archivs für Sozialwissenschaften arbeitete. Dort lernte er 1918 den zehn Jahre jüngeren Benjamin kennen, der auch seit 1917 in Bern an seiner Dissertation arbeitete. In Bloch und Benjamin kamen verwandte Intentionen zueinander: beide von einem messianischen Geschichtsverständnis erfüllt, beide in gewissem Sinne dem Typus des Schriftgelehrten zugehörig, obschon ganz und gar heterodox, beide durchdrungen von dem Bewußtsein, welche Bedeutung der Sprache für die utopische Erkenntnis, für den Aufgang des Sternes der Erlösung, zukomme. Benjamin schreibt nach der Lektüre des *Geist der Utopie* an Ernst Schoen: «In vieler Beziehung . . . kommt mir das Buch eines Bekannten zu statten, welcher der einzige Mensch von Bedeutung ist, den ich in der Schweiz bisher kennen lernte . . . Das Buch heißt *Geist der Utopie* von Ernst Bloch. Ungeheure Mängel liegen zu Tage. Dennoch verdanke ich dem Buch Wesentliches und zehnfach besser als sein Buch ist der Verfasser. Es mag Ihnen genügen, zu hören, daß dies doch das einzige Buch ist, an dem ich mich als an einer wahrhaft gleichzeitigen und zeitgenössischen Äußerung messen kann. Denn: der Verfasser steht allein und steht philosophisch für diese Sache ein, während fast alles, was wir, von Gleichzeitigen, heute, philosophisch Gedachtes, lesen, sich anlehnt, sich vermischt und nirgends an dem Punkte seiner Verantwortung zu fassen ist, sondern höchstens auf den Ursprung des Übels hin führt, das es selbst repräsentiert.»[73] Und mehrfach bekundet er den Wunsch, das Buch zu besprechen[74], doch

Georg Lukács, 1912

blieb die Rezension ungedruckt und ging verloren.

Die Freundschaft zwischen Benjamin und Bloch reicht über mehr als zwanzig Jahre bis zu Benjamins frühem Tod auf der Flucht vor den Nazis. Gemeinsame Aufenthalte in Italien und Südfrankreich in den zwanziger Jahren, der Besuch Blochs bei Benjamin in Paris 1926 vertieften den Gedankenaustausch: «Bloch ist außerordentlich und mir, als bester Kenner meiner Sachen sehr ehrwürdig (er weiß viel besser Bescheid als ich selber, denn er hat nicht nur alles inne, was ich je geschrieben habe, sondern auch jedes gesprochene Wort von vor Jahren) aber während ich mich ganz den Erscheinungen

des pariser Leben hingeben muß, ist und bleibt bei ihm Garmisch die Sehnsucht, auf die er immer zurückkommt.»[75] 1928 wohnt Bloch in Berlin in
Benjamins Zimmer (während dieser ins Elternhaus in Grunewald zurück-
kehrte) und bespricht in der «Vossischen Zeitung» die «Einbahnstraße».
Benjamin zieht Bloch dann 1931 zu Rate, als sachliche Differenzen sein
Freundschaftsverhältnis zu Gerhard Scholem schwer erschütterten.[76] Hinweise auf die Vertrautheit zwischen beiden gibt es in Benjamins Briefen
einige, wie auch Blochs Erinnerung an die erste Phase der Emigrationszeit in
Paris: *Ich wohnte dort im gleichen Hotel und war Tag und Nacht zusammen
mit Walter Benjamin, der zu diesem Zeitpunkt seine Schrift über Baudelaire
schrieb.*[77] Was Benjamin und Bloch systematisch füreinander bedeuteten,
kann hier nicht dargelegt werden. Bloch selbst hat Hinweise darauf gegeben,
zum Beispiel, daß für Benjamin *die Gestalten der Erscheinung wie Schriftzei-
chen erscheinen*[78], so daß *die objektive Hieroglyphe der Sache dadurch für
uns sichtbar wird*[79]. Oder dies: *. . . daß mit so viel hautnaher Präzision
gerade Nebenbei und Abseitiges, auch Verschrobenes in Benjamins Schein-
kegel wie zentral oder als zentral aufleuchten konnte und dann aber, als
reales Schriftbild, «emblematisch» wurde.*[80] Immer also der Schrift-,
Emblem-, Allegorie-Charakter der Sache, die Welt als Spiegelkabinett, wie es
das dialektische Bild der Leibnizschen Metaphysik ausdrückt.

Im Januar 1921 berichtet Benjamin an Scholem, knapp und betroffen: «Die
Frau von Ernst Bloch, einer der Menschen, die wir am liebsten gehabt haben,
ist in München gestorben. Sie haben sie in Interlaken ja auch wohl gesehen.
Wir haben ihn nun zu uns eingeladen, aber noch keine Antwort, ob er
kommt. Seine Frau war seit vielen Jahren sehr leidend.»[81] Die wenigen Worte
verbergen, wie schwer Bloch betroffen war. Einige weitere Briefmitteilungen

*Widmung von Margarete Susman (Leilah genannt) in ihrem Buch
«Ich habe viele Leben gelebt», 1964*

Ernst Bloch. Gemälde von Willy Geiger, 1921

Benjamins lassen es ahnen; sie vermerken, daß Bloch sich von seinen Freunden zurückgezogen hat, geben einmal auch eine Erläuterung: «Ernst Bloch ist am Mittwoch und auch sonst nicht gekommen. Er schrieb einen Brief, der zwar durchaus nicht einer Absage gleichkommt, aber ausführt, daß er augenblicklich nur den Umgang mit einfachen Menschen vertrüge und gereizt begründet, warum er mich nicht zu jenen zählt. Auch hier will Dora durch einen Brief helfen.»[82] Fast ein Jahr hat es gedauert, bis Bloch sich wieder aufzuschließen begann, und die abschließende Arbeit am *Thomas Münzer* mag sein Purgatorium gewesen sein. Noch einmal scheint am Schluß das religiöse Subjekt als Ziel der Geschichte auf: *Seele, Tiefe, über allem ausge-*

Walter Benjamin

spannter Traumhimmel, gestirnt vom Boden bis zum Scheitel, scheint her-
ein, es entrollen sich die wahren Firmamente, und unaufhaltsam zieht
unsere Straße des Ratschlusses bis zu jenem geheimen Sinnbild hinüber, auf
das sich die dunkle, suchende, schwierige Erde seit Anbeginn der Zeit zube-
wegt.[83] Von nun an wird es das gesellschaftliche Subjekt sein, in dem
Überschreiten und Ankunft sich ereignen: *Die wirkliche Genesis ist nicht am*
Anfang, sondern am Ende, und sie beginnt erst anzufangen, wenn Gesell-
schaft und Dasein radikal werden, das heißt sich an der Wurzel fassen. Die
Wurzel der Geschichte aber ist der arbeitende, schaffende, die Gegebenheiten
umbildende und überholende Mensch.[84]

Thomas Müntzer.
Stich von C. van Sichem,
1522

TOMAS MVNCER PREDIGER ZV ALSTET IN DVRINGEN.

REISEN

Wer vom *Reiseplan des Wissens*[85] spricht, kann selber nicht still am Ort bleiben wie Kant, der nie aus Königsberg herauskam. Bloch hat verschiedentlich die Gleichung von *Fahren* und *Erfahren* aufgemacht, hat ausdrücklich Erfahrung als Er-Fahrung, wörtlich im geographischen wie metaphorisch im geistigen Sinne, verstanden: Fausts Weltfahrt hat er der Erfahrungsfahrt des Geistes in Hegels «Phänomenologie» gleichgesetzt[86] und die Vorgeschichte dieses Gedankens bis in die Mysterienkulte zurückverfolgt. Schillers «Spaziergang» – nicht der Spaziergang des Flaneurs, sondern der Gang durch die Welt, die den Anblick ihrer Geschichte gibt – wird für Bloch zum Gleichnis: *Ein Mensch nimmt sich mit, wenn er wandert. Doch ebenso geht er hierbei aus sich heraus, wird um Flur, Wald, Berg reicher . . . Schlecht wandern, das heißt, als Mensch dabei unverändert bleiben. Ein solcher eben wechselt nur die Gegend, nicht auch sich selber an und mit ihr. Je bedürftiger aber ein Mensch ist, sich erfahrend zu bestimmen, desto tiefer (nicht nur breiter) wird er auch durch äußeres Erfahren berichtigt werden . . . Und wie er selber auf jeder Fahrtstufe sich erneuert und berichtigt, so geht in wechselseitiger Subjekt–Objekt-Beziehung Er-fahrenes als ferner oder näher antwortendes Gegenbild des Inneren auf.*[87] So ist Reisen für Bloch, wie zufällig auch die Anlässe und Ziele zustande gekommen sein mögen, keine Nebensächlichkeit. Am Anderen schärft sich der Blick für das Eigene, und das Eigene wird so breiter. Das heimisch Vertraute wird in der Fremde unvertraut und dadurch aufs Neue vertrauter. Ein schönes Beispiel für diese doppelte Verfremdung gibt der kleine Essay von 1933 über die Paulus-Kirche in Worms. In nächster Nähe seiner Heimatstadt gelegen war ihm der spätromanische Bau von Kindheit an bekannt; wie aber sieht er ihn neu, nachdem die Tunesien-Reise von 1925 hinter ihm liegt: *Die Türme sind wahre Steine des Anstoßes, mit ihrem weißlich-morgenländischen Verputz, mit ihrer völlig heterogenen Figur . . . Dies Bild bleibt, als einzigartig, auch einem Blick, der sich nachher viel umgetan hat; unerwartete Erinnerung taucht dann leicht auf in unerwartetster Gegend. Alte Küchenöfen im so lange sarazenisch beeinflußten Süditalien zeigen verwandte Formen, nämlich die stumpfe, weißlich-graue, getürmte Kuppel auf Erden auf dem Estrich; arabische Heiligengräber tief in Tunesien kreuzen plötzlich auf freiem Feld, mit starkem déjà vu, das ferne Lineament. Hoch droben liegt so etwas wie dies Marabut-Grab doppelt auf den St.-Paulus-Türmen in Worms.*[88] Die Zerstörung des morgenländischen Eindrucks bei der Renovation wird beklagt, aber *die Enklave Orient, ein Hauch Evangelium von einem anderen Gott,* ist erst durch die Anschauung islamischer Baukunst deutlich bewußt geworden, als ein Signal der Häresie, als ein *Fremdkörper aus Allahs Welt: Die Votivkirche für St. Paul hat dem Apostel eine Silhouette aus Damaskus geweiht und vielleicht noch ein islamisches Heiligengrab.*[89]

So schlägt sich Weltfahrt in einer Art Erfahrung nieder, die Blochs Eigenstes ausmacht: Erfahrung als Zusammenfassen des weit Auseinanderliegenden, als Wahrnehmung eines Zusammenhangs im Verschiedenen, scheinbar Disparaten, des einen als Indiz für ein anderes. Das ist das Wesen allegorischer Denkweise, und diese nimmt Ortswechsel als Beziehungsform. *Nichts kommt nur an dem Ort vor, wo es steht. Eins läßt sich durch ein anderes ausdrücken, auf hin und her zielende Art. Trotz weit entfernter Orte geht vieles derart verspellt auf.*[90] So kann Naturansicht auf der Reise als religionsphilosophisches Emblem gelesen werden, zum Beispiel die Fahrt von der Alpenhöhe herab ins paradiesische Unterland. *Kehre um Kehre zieht die alte Schlucht von Maloja herunter ins Bergell. Drehung um Drehung mildert sich die hochalpine Welt und was in ihr gedeiht; Arven und Lärchen lassen nach, nun erscheint die Tanne, nicht vereinzelt, sondern fast schon einen kleinen Wald bildend, zwischen dessen Stämmen die Sonne scheint und ein Stück Himmel Platz hat. Hindurch fallend voran geht die Fahrt, aber rückwärts geht die Jahreszeit: aus frühem Herbst in frühen August.*[91] Aber der Blick zurück, der erst das Gesehene zum Erfahrungsbild werden läßt (zum *Gegenbild des Inneren*, wie es hieß), läßt vor schrecklichster Gnadenlosigkeit erzittern: *Rückwärts aber, welches Bild, das den Absturz einfaßt. Die Berge, von denen die Straße herkommt, wachsen in unglaubwürdige Höhe, sind keine geschrumpfte, gefaltete, emporgeschobene Rinde mehr. haben jeden Blickbezug zum Boden verlassen, fast jeden Raum zwischen sich und einem Himmel, wohin sie nicht so sehr ragen, als sie ihn zur Hälfte wegnehmen und selbst der Himmel geworden sind. Völlig als Stück dieser anderen Welt schmerzen die Granitspitzen und Todeszacken, blickt das Granitfenster herab, das in den Alpen an dieser Stelle sich auftut; es ist terminus humanitatis, ja der Erde − diese Ferne bringt diese Grenze erst ans Licht. Der Gletscher dort oben am Scheitel des Himmels ist der Ort des wildesten Jean Paulschen Traums, des so schrecklichen und tiefsinnigen, daß kaum mehr als die Überschrift ihm gelungen ist: Rede des toten Christus vom Weltgebäude herab, daß kein Gott sei.*[92] Gelobtes Land und Höllensturz liegen dicht beieinander. Mit der Anspielung auf den Jean Paul-Titel ist der allegorische Charakter der Reiseerfahrung offen bekannt, die Verwandlung der Welt in Philosophie vollzieht sich in jedem Augenblick. Denn *die Wanderung ist dem Geschichtlichen selber verwandt, sowohl in der rückwärts erblickten wie vor allem in der nach vorwärts mitgemachten Abfolge und Reihe*[93]. Der Satz könnte ein Selbstkommentar zum Bericht über die Maloja-Abfahrt sein. Verheißung und Gefährdung, Welt als Heimat oder Nichts − in aller Vielfalt der Welt liegen die Chiffren, an denen dieser eine letzte Sinn entschlüsselt werden kann (und Chiavenna, die «Schlüsselstadt», ist nicht nur der geographische Schlüssel zum Traum von paradiesischer Heimat, sondern auch der metaphorische Schlüssel zur Sinndeutung der Reiseerfahrung: Bezogenheit von Gletschereis und südlichem Blütenland). Die kleinen Textsplitter, autobiographisch und metaphysisch zugleich, gestatten uns einen Einblick in Blochs Verfahren.

INS EXIL

Die zwanziger Jahre waren von Reisen erfüllt. Und Wechsel des Wohnsitzes kam auch nach den Studienjahren häufig vor. Berlin, Garmisch und Heidelberg, Grünwald, Bern, München und wieder Berlin waren die Stationen längerer Aufenthalte. Dazwischen lagen Positano und das südfranzösische Sanary und auch Paris. So wurde die Ausreise aus Deutschland nach Zürich zunächst gar nicht wie eine Emigration spürbar; so recht seßhaft war Bloch ohnehin nie gewesen. Die Ausbürgerung, die die Nazis über ihn verhängten, hat ihn nicht ins Herz getroffen, eher schon die Bücherverbrennung, die ja tatsächlich bewirkte, daß Bloch für entscheidende fünfzehn Jahre aus dem deutschen Geistesleben verschwunden blieb. 1949, als er aus den USA nach Leipzig berufen wurde, kannte von den Jüngeren kaum einer mehr seinen Namen und von den Älteren − soweit es nicht Emigranten waren − erinnerten sich seiner wenige. Noch 1950 lehnte es die «Zeitschrift für philosophische Forschung» ab, das 1946 im Aurora-Verlag erschienene Teilstück aus dem *Prinzip Hoffnung, Freiheit und Ordnung, Abriß der Sozialutopien,* zu besprechen![94]

So schnitt die Exilierung den Autor von seinen Lesern ab, wenngleich er in den Emigrationszeitschriften Möglichkeiten der Publikation fand. Natürlich gab es eine deutsche Kultur im Ausland, und sie war repräsentativ für das, was überhaupt deutsche Kultur heißen durfte in jenen Jahren. Im Nazireich waren von Schriftstellern, Künstlern und Denkern nur jene geblieben und tätig, deren sich die Nation nicht gerade rühmen konnte. Aber die Emigranten blieben unter sich, das Publikum fehlte, auch waren sie vom Lebenskreis

Ernst Bloch, 1925

Zürich

der Muttersprache abgetrennt. Bloch hat nach sechs Jahren Exil, vor dem Schriftstellerverband deutscher Schriftsteller, diese Situation pointiert: *Wir sprechen nun einmal deutsch. Diese Sprache haben wir mitgenommen, mit ihr arbeiten wir. Aber der Baum heißt hier anders, und im Gesicht gibt es ein englisches Weinen, sicher Lachen. Die Hunde freilich hören auf ihre alten Namen, ihnen angehängt. Der Schreibende scheint nun, will er wirken, jedes Wort auswechseln zu müssen . . . Wie können wir als deutsche Schriftsteller in einem anderssprachigen Land das Unsere tun, uns lebendig erhalten? Wie können wir wirtschaftlich unseren Ort finden, wie können wir politisch-kulturell unsere Aufgabe erfüllen? Man kann Sprache zerstören, ohne in sich selber Kultur zu zerstören. Und umgekehrt, man kann eine Kultur nicht erhalten und fortentwickeln, ohne in der Sprache zu sprechen, worin diese Kultur gebildet ist und lebt.*[95]

Ein zentrales Problem des Widerstands gegen die nazistische Barbarei ist da genannt. Und es gehört zu den großen nationalen Leistungen von Thomas und Heinrich Mann, der Bloch und Brecht und all der vielen anderen, die die deutsche Sprache im fremden Land schöpferisch lebendig hielten, daß sie nach der Nacht des Faschismus die Anknüpfungspunkte für die Erneuerung der deutschen Kultur sein konnten – auf einem Niveau des Denkens und Empfindens, das verlorengegangen war und wiedergewonnen werden mußte, und auf dem Niveau antifaschistischen Bewußtseins als Kern der politischen Moral, die erst noch gewonnen werden mußte. Daß Sprache und Denkstil sich in der Emigrationszeit produktiv weiterentwickelten, wird am Werkvergleich deutlich: die «Josephsromane» haben einen anderen Stil als der «Zauberberg», der «Henri IV» einen anderen als der «Professor Unrat», das *Prinzip Hoffnung* einen anderen als der *Geist der Utopie* – keineswegs aber einen ganz anderen, sondern einen präziseren und transparenteren.

Ernst Bloch hat den Übergang in den fremden Sprachraum zunächst vermieden. Er ging 1933 nach Zürich, von da 1934 nach Wien, 1936 bis 1938 in das mit deutscher und jüdischer Kultur in jahrhundertelanger Durchdringung geprägte Prag, wo die demokratische Regierung des Präsidenten Beneš dem Flüchtling großzügige Zuflucht bot. Doch die Expansion der Nazis ließ im Umkreis des Reichs keine Sicherheit, das Gefühl der Gefahr, einer unheimlichen Bedrohung folgte nach. Ein kleines Feuilleton aus jener Zeit zeigt,

Ernst Bloch. Zeichnung von S. Sebba, Ende der zwanziger Jahre

wie die Angst untergründig wach war und vordergründig Bewältigung suchte: *Gegen Abend schwärmen in Prag riesige Puppen aus, Neger, Köche, Saxophonbläser oder Grenadiere mit Kolpak, die, von einem Mann im Inneren getragen, Reklame auf diese monströse Art verbreiten. Hoch über uns ragen sie plötzlich auf. Kreuzen die menschlichen Wege, stehen still wie ein Turm, machen mit langsamem und schwerfälligem Ruck kehrt . . . Zwei urweltliche Charaktere haben in diesen Puppen sich vereinigt: das Riesenhafte und die Maske. Beide aber erhöhen keinen urweltlichen Inhalt mehr, sondern kleinbürgerliche Banalität. Das assyrische Gesicht des alten Golem wird durch das Ladenlächeln eines neuen überzuckert; ja, dem keep smiling lockt sein magisches Kostüm besondere Reize heraus. Denn dies Mißverhältnis zwischen Grauen und Spaß, zwischen magischem Format und Hohlheit des Inhalts macht aus jedem Stück der alten Magie, wo es heute im Kostüm erscheint, ein lächerliches, doch gegebenenfalls auch ein doppelt fremdartiges und unheimliches. Hinter den alten Riesenmasken war noch ein geglaubtes mythisches Land, das die absonderliche Form seiner Abgesandten sozusagen normal und selbstverständlich ausbreitete; so «normal» wirkt auf Kinder heute noch Sankt Nikolaus. Hinter den Reklameriesen Prags dagegen, auch hinter den Giganten des südfranzösischen Karneval, erst recht hinter den gefährlichen Groß-Kapuzen der amerikanischen «Kukluxer» ist nichts als schale oder lustige oder drohende Leere.*[96] Der Spaß konnte nicht mehr harmlos empfunden werden; . . . *heute, wo die Wüste des Hintergrunds so gewaltig gewachsen ist, wo vor allem der Schabernak in faschistischem Volksgebrauch gezeigt hat, was für spaßhafte Raubmörder in seinem Zeichen aufziehen . . .*[97] Selbst die Beruhigung, es habe mit dem Zauber nichts auf sich, er entlarve sich als *der Arbeitslose, der die Puppe trägt*[98], nimmt noch beklemmende Form an: *Vor kurzem wurde einer von ihnen beim Überqueren der Straße überfahren; der Mann lag blutig am Boden, der Maskenkopf daneben, und lächelte in die Ewigkeit.* Da hilft es auch nicht, sich klarzumachen: *Der moderne Golem trägt den Namen seines Geschäfts auf Brust und Rücken, dieses läßt ihn wandeln. Daß Brauns Seifenflocke das beste sei – dieses Wunder belebt auf aufgeklärte Weise. Es belebt die größten wie die kleinsten Angestellten, und Masken tragen vor Herrn Geldgeber alle.*[99] Gerade die Herren Geldgeber waren es ja, die den Faschismus heraufgebracht hatten. Als die Hitlerschen Golems in schwarzer Uniform an der Grenze aufmarschierten, wurde 1938 der große Sprung über den Atlantik fällig. Elf Jahre USA folgen, bis zur Berufung nach Leipzig 1949.

Von Geld ist die Rede, von wem noch?

«Ein Louisd'or in der Tasche . . .

. . . ist besser als zehn Louisd'or auf dem Bücherschrank.» So spöttelte einer, der zeitlebens nur wenige Male zehn Louisd'or übrig hatte. Er war das 18. Kind eines armen hessischen Pfarrers, und daß er dennoch studieren konnte, verdankte er einem Stipendium von 400 Gulden, halb aus der fürstlichen Rentkammer, halb aus der Kabinettskasse des Landgrafen von Hessen. Der wünschte freilich, die Kosten würden sich einst für Hessen amortisieren, aber der junge Mann studierte in Göttingen und blieb auch später im Lande Hannover. Um das spärliche Stipendium aufzustocken, gab er mathematische Stunden, las den Buchdruckern Korrektur und tat allerlei mehr gegen Bezahlung.

Als er 28 war, begleitete er zwei englische Studenten nach London und lebte bei seinen Gastgebern «recht kurfürstlich und bin überzeugt, wenn ich einen Sommer so fortlebte, so könnte mein Geschmack vielleicht übersstimmt werden und in eine ewige Dissonanz mit meinem Beutel geraten», wie er seinem Freund und Verleger schrieb. Noch in London erreichte ihn die Berufung zum Extraordinarius in Göttingen bei zweihundert Reichstalern Gehalt. Wenige Jahre später reiste er, mit einem Reisezuschuß der Regierung, erneut nach England und lebte «bald wie ein Lord», wenn er eingeladen war, «bald wie ein Handwerksbursch», wenn er auf eigene Kosten speiste. Vor der Heimfahrt schenkte der König ihm «einige Bücher und zwölfhundert Taler an Geld».

Mit 36 Jahren übernahm der Professor für Mathematik und Physik die Redaktion eines Taschenkalenders – gegen freie Wohnung. 42jährig wurde er ordentlicher Professor und erhielt hundert Taler mehr an Gehalt. Mittlerweile war der kleine, etwas bucklige Mann, der mit einem Drachen Versuche über Luftelektrizität anstellte, nicht nur bei den Gassenjungen Göttingens, sondern auch bei den Gelehrten Europas bekannt. Aber immer noch mußte er «non famae, sed fami» schreiben: nicht des Ruhmes, des Hungers wegen, denn er hatte eine Frau (nicht mit ihm verheiratet) und seine sechs Kinder zu ernähren. Er starb 1799. Von wem war die Rede?

(Alphabetische Lösung: 12-9-3-8-20-5-14-2-5-18-7)

DIE ZEIT DES EXILS

KAROLA

Die Jahre des Exils waren natürlich nicht nur schwer als solche der geistigen Abgeschiedenheit. Vor allem und zuerst waren sie für die meisten Emigranten Jahre der bitteren Not, der Sorge ums tägliche Brot, des Drucks der Fremdenpolizei, der Furcht vor den Faschisten.[100] Nur wenige, schon international bekannte Schriftsteller konnten sich auch im Ausland fortdauernde Einnahmen aus ihren Werken sichern. Die meisten – und das gilt besonders für die Philosophen und die Literaturkritiker – waren auf die kargen Honorare aus den wenigen deutschsprachigen Zeitschriften der Emigranten angewiesen und bedurften meist der nur selten gewährten Unterstützung aus Stiftungen und Hilfsfonds. Für sozialwissenschaftliche Forscher wurde das erst nach Frankreich und dann nach den USA emigrierte Institut für Sozialforschung unter der Leitung von Max Horkheimer zur willkommenen Arbeits- und Verdienstmöglichkeit. Die Vorgänge um Walter Benjamin zeigten allerdings, daß Horkheimer seine finanzielle Macht auch zu inhaltlichen und politischen Zensuren ausnutzte. Der vehemente Antikommunismus, der mehr und mehr die Equipe des Instituts zu beherrschen begann, führte dazu, daß Horkheimer und Adorno sich nicht bereit fanden, Bloch im Rahmen des Instituts einen dotierten Auftrag zu geben. Adorno, der mit Bloch seit 1928 befreundet war, schämte sich wohl dieser Treulosigkeit; er veröffentlichte jedenfalls 1942 einen Aufruf in der New Yorker Zeitschrift «Aufbau», in dem er Blochs Notlage schilderte und Unterstützungsspenden anregte. Dies bedeutete für Bloch wohl eher einen demütigenden Schritt, besonders da Adorno dabei fälschlich behauptete, Bloch habe seinen Lebensunterhalt als Tellerwäscher verdienen müssen und sei wegen zu langsamem Arbeitstempo entlassen worden.

In Wirklichkeit hat Blochs Frau Karola, diplomierte Architektin, durch ihre Arbeit die Subsistenzbedingungen der dreiköpfigen Familie sichergestellt. Bloch hatte – nach einer episodischen zweiten Ehe mit der Frankfurter Malerin Linda Oppenheimer – 1927 die blutjunge und bildhübsche Karola Piotrkowska aus Łódź kennengelernt. Über sie berichtet Benjamin am 1. August 1928 an Scholem: «. . . Er wird binnen kurzem zum dritten Mal heiraten. Er ist von seiner zweiten Frau, die Du ja wohl kanntest, geschieden und heiratet eine sehr junge Jüdin aus Lodz.»[101] Bloch erzählt eine charmante Anekdote, wie Karola mit Benjamin bekannt wurde: . . . *wir sahen ihn versonnen, sozusagen, auf dem Kurfürstendamm wandeln mit gesenktem Kopf –, und sie, die damalige Braut Karola, die ihn zum erstenmal sah und so viel durch mich von ihm gehört hatte, sie fragte ihn, worüber er gedacht hätte, und er antwortete: «Gnädige, ist Ihnen schon einmal das kränkliche Aussehen der Marzipanfiguren aufgefallen?»*[102] Karola absolvierte ihr Architekturstudium in Zürich, und dort widmete Bloch *seiner lieben Karola Piotrkowska Erbschaft dieser Zeit,* das erste von drei seiner Bücher, die ihr zugeeignet sind. 1934 in Wien heirateten die beiden, 1937 in Prag wurde der Sohn Jan Robert geboren. Nach der Ankunft in den USA nahm Karola zuerst eine Stelle als Kellnerin an, später arbeitete sie dann in einem Architekturbüro. So konnte Bloch seine Hauptwerke schreiben und nebenbei seinen kleinen

Max Horkheimer

Sohn versorgen. In *Subjekt-Objekt* spricht er ihr den *Dank für treue Hilfe* aus, in *Politische Messungen* nennt er sie *die moralische und politische Kameradin.* Liebe, Hilfe, Kameradschaft — mit diesen drei Widmungsworten ist diskret der Reichtum einer fünfzigjährigen Lebensgemeinschaft angedeutet. Daß die Jahre der Reife, in denen andere sich nach außen verwirklichen, hier nach innen gewendet bleiben mußten, in erzwungener Klausur des Schreibens, ist vielleicht dem Tempelbau des Werkes zugute gekommen, das nun wie ein sternenübersätes Himmelsgewölbe sich zugleich abschließt zur Ordnung eines Ganzen und offen hält in eine unendliche Tiefe. Doch daß er die Klause geschützt überdauern konnte, war Karolas Tun und Verdienst.

Theodor W. Adorno

«ERBSCHAFT DIESER ZEIT»

Wenn auch, wie das Beispiel des Instituts für Sozialforschung zeigt, die solidarische Einheit der Antifaschisten nicht einmal angesichts der Hitler-Gefahr Bestand hatte, sobald größere Interessen ins Spiel kamen, so blieb doch deren Bündnis über die Zeit des Zweiten Weltkriegs hin eine politische Notwendigkeit. Daran war für den Marxisten Bloch kein Zweifel.

Das Programm der Zusammenfassung aller Kräfte – der kommunistischen, sozialdemokratischen und bürgerlich-demokratischen – im Widerstand gegen den Faschismus wurde 1935 auf dem VII. Weltkongreß der Kommunistischen Internationale (Komintern) aufgestellt. Georgi M. Dimitrov, der Held des Leipziger Reichstagsbrandprozesses, der unerschrocken vor dem Reichsgericht die nationalsozialistischen Verbrechen gebrandmarkt hatte, gab in seinem großen Bericht vor dem Kongreßplenum die Richtung an: alle unterdrückten Klassen sollten in einer Einheitsfront gegen das terroristische Regime des Finanzkapitals mobilisiert werden, Bündnisse sollten auch mit jenen eingegangen werden, die sich – der faschistischen Vernebelungsstrategie zum Opfer gefallen – auf die Seite ihrer Unterdrücker geschlagen hatten. Da der Faschismus, nach Dimitrovs Analyse, zwar «eine Diktatur der Großbourgeoisie ist», aber sich zugleich «zum Alleinvertreter aller Klassen und Schichten der Bevölkerung . . . des Fabrikherrn und des Arbeiters, des Millionärs und des Arbeitslosen, des Junkers und des Kleinbauern, des Großkapitalisten und des Handwerkers . . .»[103] erklärt, muß sich jedes faschistische Regime zugleich auf Terror und Demagogie stützen, um seine «außerordentlich uneinheitliche soziale Basis» zusammenzuhalten. Demagogische Irreführung gehört daher wesentlich zur Physiognomie des Faschismus: «Der Faschismus entfacht nicht nur in den Massen tief wurzelnde Vorurteile, er spekuliert auch auf die besten Gefühle der Massen, auf ihr Gerechtigkeitsgefühl und mitunter sogar auf ihre revolutionären Traditionen . . . Die Faschisten durchstöbern die gesamte Geschichte jedes Volkes, um sich als Nachfolger und Fortsetzer alles Erhabenen und Heldenhaften in seiner Vergangenheit aufzuspielen, und benützen alles, was die nationalen Gefühle des Volkes erniedrigte und beleidigte, als Waffe gegen die Feinde des Faschismus.»[104] Es war darum eine zentrale Aufgabe im antifaschistischen Kampf, den Faschisten die Berufung auf das nationale Kulturerbe streitig zu machen, das sie für ihre Zwecke benutzt hatten. 1935 – im Jahre des VII. Weltkongresses – erschien *Erbschaft dieser Zeit*, eine Sammlung von Einzelbeobachtungen zur Ideologie der Zeit, mit einer grundsätzlichen Analyse unter dem Titel *Ungleichzeitigkeit und Pflicht zu ihrer Dialektik*. Das Vorwort ist gezeichnet in Locarno 1934. Die ältesten Teile reichen bis 1924 zurück, die Mehrzahl stammt aus den Jahren um 1933. Es sind Versuche, ideologische Schichten zu sondern und aus dem Wust der weltanschaulichen Surrogate des niedergehenden Bürgertums jene Momente herauszuheben, die mit positiven Traditionen des Kulturerbes zu besetzen waren. Kein Stück Kultur den Nazis kampflos zu überlassen, ambivalente Bewußtseinsinhalte in die richtige Richtung zu lenken, war die Intention. Blochs kulturkritische Aufsätze, soweit sie schon vorher erschienen waren, sind Beiträge zu jenem Erkenntnisprozeß, der den VII. Weltkongreß vorbereitete. Mit Berufung auf Dimitrov konnte er im Juni 1936 die Kritik zurückweisen, die Hans Gunther in der «Internationalen Literatur» an ihm geübt hatte. *Erbschaft dieser Zeit*, so insistierte Bloch, mache die objektiven Bedingungen von sehr subjektiven Bewußtseinslagen deutlich und ermögliche so, diese zu verändern: *Als Hauptmoment der bäuerischen und weithin der kleinbürgerlichen Abkapselung, auch Fehlreaktionen auf die Krise, wurde in der «Erbschaft» der relative Anachronismus dieser Schichten erkannt. Die Produktionsweise wie das ideologische Bewußtsein der Kleinbauern, Kleinproduzenten, Kleinhändler ist in wesentlichen Teilen überaltert, weist in wesentlichen Zügen den Habitus früherer Jahrzehnte, ja Jahrhunderte auf. Der Widerspruch dieser Schichten zum «System» ist also dumpf; er ist nicht nur Unwissen-*

Karola Piotrkowska, 1927, zu Beginn ihrer Freundschaft mit Ernst Bloch

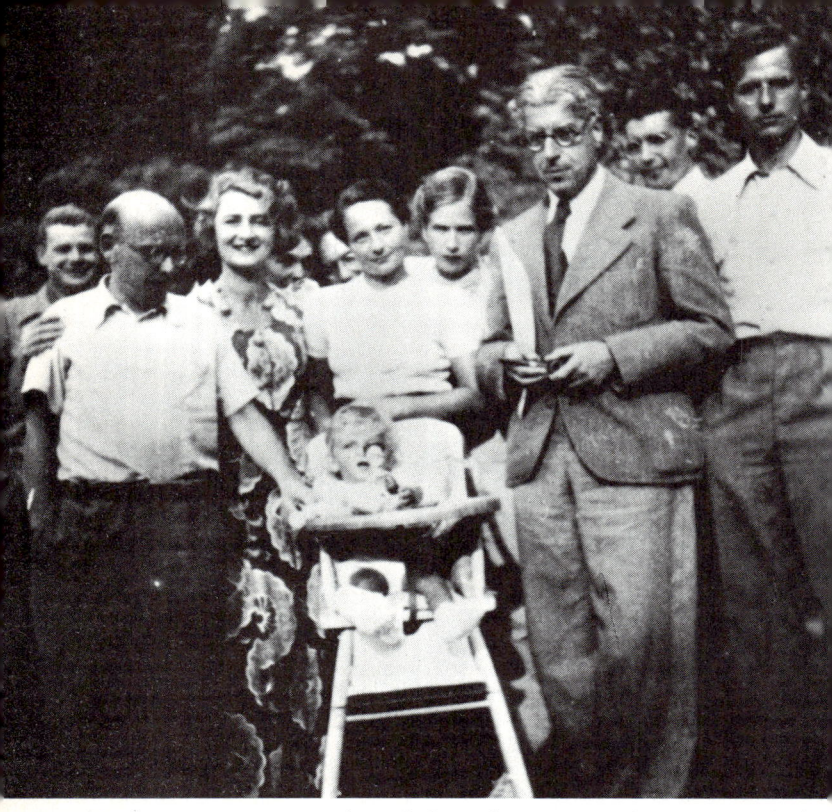

*Erster Geburtstag von Jan Robert Bloch, zu dem Hanns Eisler ein Wiegenlied
komponierte. Von links nach rechts: Hanns Eisler, Karola Bloch, Lou Eisler,
Ernst Bloch, Joachim Schumacher. Valley Cottage/USA, 1938*

*heit, wie sie aus ihrer Stellung im Produktionsprozeß erfolgt und durch
geduldige Aufklärung zu verbessern ist, er ist ebenso durch einen anachroni-
stischen Graben vom Jetzt getrennt.*[105] *Aber es geht dabei nicht nur um
Abgestandenes, das zu entlarven ist, sondern auch um Unerledigtes, das man
in die Zukunft überführen kann. Denn der Faschismus hat nichts, was ihn
glaubwürdig macht, er muß es sich borgen: Der Klasseninhalt der Nazis ist
nicht schön genug, um ihn zu sagen: Schutz des Kapitals, Vorbereitung des
Zweiten Weltkriegs ... Faschistische Propaganda hat derart die gesamte
menschliche Vermissung zum Faktor seiner Verführungslüge gemacht: hier
vor allem machte der Nazi Eindruck, hier gab er sich als Retter und einzig
wahren Jakob aus. Das aber hätte nicht entfernt im gleichen Maß gewirkt,
hätten die echten Revolutionäre dies Feld besetzt gehalten, wären sie einer
spezifischen und sehr komplizierten, wenn auch minderen Wirklichkeit ge-*

neigter gewesen, der des falschen Bewußtseins.[106] Dies deckt sich mit Dimitrovs Einschätzung, die auch von Palmiro Togliatti unterstützt wurde: «Eine der schwächsten Seiten des antifaschistischen Kampfes unserer Parteien besteht in der ungenügenden und nicht rechtzeitigen Reaktion auf die Demagogie des Faschismus und die bis auf den heutigen Tag andauernde Unterschätzung des Kampfs gegen die faschistische Ideologie.»[107] Sollte das theoretische Konzept einer Volksfrontpolitik ausgefüllt werden, so wäre die seit langem fundierte Behandlung des Erbschafts-Problems durch Bloch dessen unentbehrlicher Teil. Dies zeigt sich an seiner regen publizistischen Aktivität in den deutschsprachigen Emigrantenzeitschriften zwischen 1934 und 1939: Aufsätze, die in der Fortsetzung von *Erbschaft dieser Zeit* geschrieben wurden, das politische und kulturelle Tagesgeschehen begleitend, Zeugnisse eines ungebrochenen Angriffsgestus in der Verteidigungsstellung der Emigration.

DIE EXPRESSIONISMUS-DEBATTE

Bereits in *Erbschaft dieser Zeit* hatte Bloch die Frage gestellt, was am Expressionismus progressiv und beerbenswert sei; dort allerdings an Beispielen und noch nicht namentlich und ausdrücklich auf den Expressionismus als Stilbewegung und Weltanschauungshaltung bezogen. 1935 war Georg Lukács' kritische Abrechnung «Größe und Verfall des Expressionismus» in der «Internationalen Literatur» erschienen. Lukács versuchte, den Expressionismus insgesamt im Umkreis der USPD-Ideologie anzusiedeln und ihn aus der Perspektive der Frontstellung des Klassenkampfs als literarische Parallele zum «Novemberverrat» der Sozialdemokratie zu deuten. Von da zieht er eine gerade Linie zum Nationalsozialismus: «Zu der allgemeinen ‹November-Erbschaft› des Nationalsozialismus gehört also mit Recht auch der Expressionismus. Denn er weist, trotz aller hochtrabenden Gesten, nicht über den Horizont des ‹Weimar› von 1918 hinaus. Wie der Faschismus die notwendige Folge des Novemberverrats ist, so kann er auch literarisch das ‹November-Erbe› antreten.»[108] Sicher ist diese Einschätzung nicht unbeeinflußt von der Charakterisierung der SPD als «Sozialfaschisten» und steht konträr zu dem Konzept einer breit angelegten Volksfront: sollten in diese auch die antiimperialistischen bürgerlichen Schichten einbezogen werden, so durften die bürgerlichen Oppositionsideologien nicht einfach zum Faschismus geschlagen, sondern mußten kritisch gesichtet und verwandelnd angeeignet werden.

Der vehement polemische Essay des Jugendfreundes traf Bloch ebenso persönlich (in seiner Verbindung zur expressionistischen Bewegung[109]) wie politisch (in seiner Konzeption der Verwertung des bürgerlichen Erbes auch noch der Gegenwart). In seiner Rede auf dem Pariser Schriftstellerkongreß 1935 versuchte er, unter kritischer Abwehr der Bodenlosigkeit und Wirklichkeitsferne im Expressionismus, dessen Intention auf Freisetzung von Phantasie und Traum als unverzichtbares Moment auch einer marxistischen Kunst festzuhalten. Die Wendung gegen die im «Bund proletarisch-revolutionärer Schriftsteller» (BPRS) vertretenen naturalistischen und antiartistischen Tendenzen ist deutlich.[110] Doch eine direkte Antwort an Lukács stand noch aus. Bloch gab sie 1937 in der «Neuen Weltbühne» im ersten seiner drei Expres-

Georgi M. Dimitrov und Palmiro Togliatti. Moskau, 1935

sionismus-Aufsätze.[111] Der Anlaß war die von den Nazis veranstaltete Ausstellung «Entartete Kunst». Gegen Lukács' These – «Die Entwicklung ist über den Expressionismus hinweggeschritten»[112] – stellte Bloch die seine: *Er drückt vermutlich immer noch etwas aus.*[113] Und dann geht er zum Angriff über, aus dem die Verbitterung über Lukács' eilfertige Abkanzelung der «Jugendsünden» seiner selbst und seiner Generation herauszuhören ist. *Auch Marxisten wie Lukács haben dem Expressionismus in Bausch und Bogen ein wenig kenntnisreiches Etikett aufgeklebt. Sie denunzieren ihn als «Ausdruck kleinbürgerlicher Opposition», ja sogar, völlig schematisch, als «imperialistischen Überbau». Aber Marc, Klee, Chagall, Kandinsky kommen in dem Klischee «Kleinbürgertum» kaum unter, und am wenigsten, wo dieses Klischee Spießertum, bestenfalls raunzendes, bezeichnen soll. Und selbst wenn hier nichts als kleinbürgerliche Opposition wäre (man wünscht sich, den Kleinbürger kennen zu lernen, dem Marcs «Turm der blauen Pferde» sein Ausdruck ist): was steht dem Kleinbürger Besseres zur Verfügung als bestenfalls – Opposition (und gar solche)? Daß aber der Nazi sich nachher, gelegentlich, in der Anfangszeit, expressionistische Literaturreste beibog (Benn) oder Thingspiel-Industrie daraus machte (Euringer), daran ist* nicht Marcs «Imperialismus» schuld, sondern des Goebbels Sinn für wirkungsvolle Falsifikate (fast gleich, woran sie geschehen). Und eben Hitlers letzte Attacke beweist, daß selbst die sogenannte «kleinbürgerliche Opposition» nicht immer so verächtlich sein mag. Sie beweist erst recht, daß die expressionistische Kunst – zuerst von Hausenstein, nun viel großartiger von Hitler erledigt – keine Rechtfertigung des Feinds enthalten hat, keine Ideologie seines Imperialismus und seiner Ordnung. Die «Übereinstimmung» einiger Moskauer Intellektueller schematischen Schlags mit Hitler ist folglich nicht angenehm. Am wenigsten, wenn selbst in dieser Zeit noch rote Fanfaren gegen den Expressionismus geblasen werden. Vom Klassizismus her; diesen aber besitzt Hitler auch, er ist das Ideal der Stümper und Oberlehrer geworden. Auch sind römische Adler, Triumphsäulen und andere «edle Einfalt, stille Größe» von heutzutage genau so imperialistisch wie – Bechers Lyrik um 1918 oder gar die Zeichnung Klees: Angelus Novus.[114] Das ist anspielungsreichste Polemik: der von Lukács hochgeschätzte Becher wird zitiert, mit dem «Angelus Novus», dem Emblem Benjamins[115], wird eine andere Linie ideologischen Widerstands gegen die Nazis aufgenommen, Lukács' vordergründige Hinweise auf Übereinstimmung zwischen Goebbels und dem Expressionismus werden weggefegt.

Die Schärfe des Angriffs und des Gegenangriffs verwundern den späteren Leser. Gab es angesichts der faschistischen Bedrohung, die sich im spanischen Bürgerkrieg höchst aktuell zeigte, nichts Wichtigeres als einen Literaturstreit? Wer so fragen würde, unterschätzte die Bedeutung des Expressionismus für die linksbürgerliche Ideologie, von der aus viele Autoren, bildende Künstler, Theaterleute den Weg zu einer positiven Aufnahme der Oktober-Revolution und zur Identifikation mit der Sowjet-Union gegangen waren. Wer sich wie Bloch zum Kommunismus bekannte, für den mußte es ein zentrales Problem seines Selbstverständnisses sein, wenn er von dem führenden kommunistischen Literaturkritiker in die präfaschistische Linie eingereiht wurde.

Doch nicht nur für Kommunisten stand diese Frage auf der Tagesordnung. Gleichzeitig mit Bloch schrieb Klaus Mann seine Abrechnung mit Gottfried Benn, dessen Lyrik er zuvor bewundert hatte und mit dem er befreundet gewesen war. Dieser Aufsatz, im Herbst 1937 im «Wort» gedruckt, bildete den Auftakt zu der berühmten «Expressionismus-Debatte»[116]. Auch Klaus Mann hielt gegen den «Formalisten» Benn (wie implizit gegen den «Naturalisten» Lukács) an einem Kunstbegriff fest, der die expressionistische Literatur ins progressive Erbe einzubringen erlaubt: «Als ‹Ästhet› beginnen und als Sozialist enden: ich habe in solcher Entwicklungskurve ein Paradox niemals zu sehen vermocht ... Als ob ein ernsthafter Wille zur Form ohne den Willen zum Humanismus – und als ob der Wille zum Humanismus ohne ein innig bemühtes Interesse fürs Gesellschaftliche überhaupt vorstellbar wären!»[117] In der gleichen Nummer zerfetzte Alfred Kurella den übriggebliebenen Expressionismus, dessen Virulenz er darin begründet sah, «daß jedem von uns aus jener Zeit etwas in den Knochen steckengeblieben ist», und von dem er gleichzeitig behauptete, es lasse «sich heute klar erkennen, wes Geistes Kind der Expressionismus war, und wohin dieser Geist, ganz befolgt, führt: in den Faschismus»[118]. Und Kurella gab dem Aufsatz von Klaus Mann eine andere Stoßrichtung: «Es geht bei Gottfried Benn nicht um Gottfried

Benn; es geht um den Expressionismus, um dessen Herkunft, um dessen Auslauf.»[119]

Alfred Kurella hat versichert, sein Aufsatz sei nicht als Antwort auf Klaus Mann geschrieben, sondern unabhängig von ihm. Das ist bei der damaligen Aktualität des Themas wohl möglich; jedenfalls wirkte die Veröffentlichung im selben Heft wie ein beabsichtigtes Gegeneinander und löste eine Flut von Stellungnahmen aus. Hans Albert Walter hat in seiner Darstellung der Exil-Presse[120] dem «Wort» nachgesagt, es sei in «völlige Abhängigkeit von der Politik der Sowjetunion und der Komintern» geraten und «den innerrussischen Einflüssen und dem parteilichen Standpunkt in Sachen Volksfront» unterlegen.[121] Der Verlauf der Expressionismus-Debatte belegt das Gegenteil. Da wurde zwischen zwei Fraktionen der antifaschistischen Opposition hart um eine korrekte ideologische Einschätzung gerungen, und Kurella, der auf dem Boden der in der Sowjet-Union vorherrschenden Literaturtheorie stand, mußte in seinem Schlußwort sich im Kern revidieren: die These, die «ein Gleichheitszeichen setzte zwischen dem Geist, aus dem der Expressionismus entsprang und dem Geist, der zur Ideologie des Faschismus wurde» ist «durch die Diskussion widerlegt worden»[122]. Zwar blieb Kurella bei seiner Auffassung: «Vom Expressionismus haben wir keinerlei kulturelles Erbe zu übernehmen»[123]; aber er ließ nun die gegenteilige Meinung als vertretbar bestehen.

Ernst Bloch hat in die Debatte mit dem Beitrag *Diskussionen über Expressionismus* eingegriffen und hielt fest: *Das Erbe des Expressionismus ist noch nicht zu Ende, denn es wurde noch gar nicht damit angefangen.*[124] Nun allerdings begründete er seine Position philosophisch, nämlich mit der Differenz im zugrunde liegenden Wirklichkeitsbegriff: *Lukács setzt überall eine geschlossen zusammenhängende Wirklichkeit voraus, dazu eine, in der zwar der subjektive Faktor des Idealismus keinen Platz hat, dafür aber die ununterbrochene «Totalität», die in idealistischen Systemen, und so auch in denen der klassischen deutschen Philosophie, am besten gediehen ist ... Aber vielleicht ist Lukács' Realität, die des unendlich vermittelten Totalitätszusammenhangs, gar nicht so – objektiv; vielleicht ist die echte Wirklichkeit auch Unterbrechung. Weil Lukács einen objektivistisch-geschlossenen Realitätsbegriff hat, darum wendet er sich, bei Gelegenheit des Expressionismus, gegen jeden Versuch, ein Weltbild zu zerfällen (auch wenn es das Weltbild des Kapitalismus ist). Darum sieht er in einer Kunst, die Zersetzungen des Oberflächenzusammenhangs auswertet und Neues in den Hohlräumen zu entdecken versucht, selbst nur subjektivistische Zersetzung; darum setzt er das Experiment des Zerfällens mit dem Zustand des Verfalls gleich.*[125] Das sind Gedanken, die noch dreißig Jahre später in Blochs Bemerkungen zum objektiven Sinn des Fragments wiederkehren.[126]

VOLKSFRONT

Die Schärfe der Auseinandersetzungen, das Grundsätzliche der hier aufeinanderprallenden kunsttheoretischen Positionen ist nur verständlich, wenn der politische Hintergrund klar gesehen wird, vor dem sich diese Debatten abspielten. Die deutschen Emigranten sahen sich vor einer doppelten Schwie-

Der Turm der blauen Pferde. Gemälde von Franz Marc, 1913

rigkeit ihrer politischen und moralischen Selbsterhaltung. Abgeschnitten vom Lebensboden ihrer Nation, von ihrem politischen Wirkungsfeld, von ihrem Publikum, waren sie um so mehr auf die geistige Substanz angewiesen, die sie gegen das kulturzerstörerische Wirken der Nazis zu bewahren und zu verteidigen trachteten; Thomas Manns Geleitworte zu den drei Jahrgängen seiner Zeitschrift «Mass und Wert» (1937–39)[127] legen von diesem Problem nachdrücklich Zeugnis ab.

Gerade jene geistige Substanz war aber in den ideologischen Klassenkämpfen, die der Emigration vorausgegangen waren, zerspalten und zerrieben worden. Christliche Moralisten und bürgerliche Liberale, Sozialdemokraten und Kommunisten hatten erbitterte Fehden gegeneinander geführt, und der Antifaschismus war nicht stark genug gewesen, die Fraktionen auf ein gemeinsames Minimalprogramm zu einigen. Die Emigranten hatten ihre Gegnerschaften mit ins Exil genommen. Diese zu überwinden, um eine Plattform für den Kampf gegen Hitler zu errichten, war eine vordringliche Aufgabe. Thomas Mann hat sie im Vorwort zum zweiten Jahrgang von «Mass und Wert» formuliert: «Solidarität, Sammlung, Einmütigkeit, Zusammenschluß – sie sind die Forderung der Stunde; eine überparteiliche, übernationale, überkontinentale Solidarität, in der alle Meinungs-, ja Glaubensunterschiede und -gegensätze sich aufheben zu dem einen Willen und Vorsatz: die unveräußerlichen geistigen und moralischen Errungenschaften der Menschheit, die Kultur zu wahren und zu verteidigen gegen das Infame, gegen die Barbarei.»[128]

Hier klingt auch schon die zweite Schwierigkeit an. Die Emigranten mußten ihren antifaschistischen Kampf in einer Umgebung aufnehmen und fortsetzen, für die der Faschismus sich als ein externes, außenpolitisches Problem darstellte. Das bürgerliche Westeuropa hatte, in der Angst vor dem Bolschewismus und in der trügerischen Hoffnung auf eine Erhaltung des internationalen Status quo, seinen Frieden mit Hitler gemacht. Die Mobilisierung der antifaschistischen Kräfte außerhalb Deutschlands hing davon ab, daß die faschistische Gefahr sinnfällig bewußt gemacht werden konnte. Um dies zu tun, mußte an die kulturellen und politischen Traditionen der westlichen Demokratien appelliert, ihre Gemeinsamkeit mit dem Sozialismus gegenüber dem Faschismus herausgestellt werden. Zahlreiche Organisationen und Kongresse verfolgten dieses Ziel. An die Tagung des Comité International pour la Cooperation Intellectuelle im April 1935 richtete Thomas Mann seinen Aufruf «Achtung Europa!», der mit der Mahnung schloß: «Was heute not täte, wäre ein militanter Humanismus, ein Humanismus, der seine Männlichkeit entdeckte und sich mit der Einsicht erfüllte, daß das Prinzip der Freiheit, der Duldsamkeit und des Zweifels sich nicht von einem Fanatismus, der ohne Scham und Zweifel ist, ausbeuten und überrennen lassen darf. Ist der europäische Humanismus einer streitbaren Wiedergeburt seiner Ideen unfähig geworden; vermag er nicht mehr, sich die eigene Seele in kämpferischer Lebensfrische bewußt zu machen, so wird er zugrunde gehen.»[129] Das Europa, an das diese Autoren sich wandten, wurde von dem «offiziellen» Deutschland mit einer Flut von Propaganda überschwemmt, wie umgekehrt die deutsche Bevölkerung von jedem Außeneinfluß abgeschirmt wurde. «Hunderten von Intellektuellen ist die Möglichkeit der Äußerung genommen; wer als Schriftsteller nicht Mitglied der Reichsschrifttumskammer ist, kann sich publizistisch nicht mehr betätigen. Nur Arier, das heißt Nichtjuden, können diesem staatlichen Berufsverband angehören. Aber die Initiative erschöpft sich nicht in der Abwehr derer, die als Vertreter der Weltanschauung nicht Geltung beanspruchen dürfen: der Staat fördert überall die Repräsentanten seiner Lehre, die vor 1933 von den allerwenigsten der Intellektuellen überhaupt zur Notiz genommen wurden. Seine erziehende Hand reicht überall hin, in eigenen ‹Führerschulen› bildet er sich einen einheitlich geformten Nachwuchs, an den Hochschulen werden seine Anschauungen gelehrt, er hat ein Institut für politische Pädagogik geschaffen und an dessen Spitze den Philosophen Alfred Bäumler gestellt, und hat ferner ein ‹Reichsinstitut für Geschichte des neuen Deutschland› ins Leben gerufen, wo ein ganzer Stab bekannter und noch unbekannter Historiker die deutsche Geschichte seit der französischen Revolution in nationalsozialistischem Geist erforschen und niederschreiben sollen.»[130] So berichtete, mit vorsichtiger Zurückhaltung, Max Rychner im Februar 1936 in die neutrale Schweiz. Gegen beide Aktivitäten der Nazis – die Repräsentanz nach außen und die Indoktrinierung nach innen –, die beide auf eine Umfälschung deutscher Geschichte und Kultur abzielten, hatten die Emigranten die echte Tradition zu wahren. Es ging um die «Einheit von Überlieferung und Erneuerung»[131]. Wie sehr auch die einzelnen untereinander differieren mochten, auf dieser Linie fanden sie sich. Bloch notierte in seinem Kommentar zu Thomas Manns Eröffnung von «Mass und Wert» die Gemeinsamkeiten, allerdings pointierte er auch die Unterschiede. *Stimmt man dem allem zu* – mit diesem Konditional leitete er zur Kritik über, und in der späteren Redigierung von 1970 präzisiert er die Bedingung: *wenigstens insoweit, als seine Richtigkeit im*

Thomas Mann

Rahmen der Volksfront ausreicht.[132] Die Volksfront – das war es eben, worum es in den dreißiger Jahren ging und woran die Ereignisse und Stellungnahmen gemessen wurden: die faschistische Intervention in Spanien, dann die Annexion Österreichs, des Sudetenlands, der Tschechoslowakei machten den Zusammenhalt aller Antifaschisten, von bürgerlichen Demokraten bis zu Kommunisten, zum unausweichlichen Gebot der Stunde. *Nachdem der Faschismus eingetreten ist und die Errungenschaften der bürgerlichen Revolution wieder rückgängig gemacht hat, ist es ein strategisches Ziel der sozialen Revolution, zunächst wieder die bürgerlichen Freiheiten herzustellen und in dieser Bewegung erst die Sache der materiellen, der klassenlosen Freiheit zu betreiben. Sofern die Revolution also zunächst eine gegen ihren Hauptfeind, den Faschismus, ist, stützt sie sich außerhalb des Proletariats nicht nur auf Dorfarmut und die unteren Schichten des Kleinbürgertums, begnügt sie sich nicht nur damit, die Mittelschichten zu neutralisieren, sondern sie versucht sie zu mobilisieren, sie betreibt im Namen der Freiheit und Menschlichkeit den gemeinsamen Kampf gegen Faschismus.*[133]

Ernst Bloch schrieb diese Sätze als Kommunist, mit dem Bekenntnis zur Diktatur des Proletariats als notwendigem, durch den Faschismus doppelt als notwendig erwiesenem Übergangsstadium zur realen Demokratie des Sozialismus. *Fällig wird zu gegebener Zeit die Diktatur der erlangten und konse-*

quenten Demokratie selber; eine (zum Unterschied von Weimar) gegen ihre
Feinde allerdings erbarmungslose. Und in dieser Diktatur wirkt keine Unter-
drückung der Mehrheit, sondern einzig die revolutionäre Hegemonie, die
Kampfhegemonie des Proletariats. Die Bauern und Kleinbürger haben erfahren, was ohne das Proletariat an «Revolution» zum Vorschein kommt;
der Kampf um die Befreiung der Nation wird das Proletariat ohnehin an die
Spitze rufen, denn es ist die einzige konsequent revolutionäre Klasse. Demokratie aber ist und bleibt bei alledem das Ziel, das echte, das von Marx und
Lenin aufgestellte Endziel; es bedarf keiner Herzenstöne, um das zu versi-
chern, es ist die Wirklichkeit der sozialistischen Sache selbst.[134]

Das Ziel ist hier klar umrissen: Wiedergewinnung der bürgerlichen Demokratie und von ihr aus, unter Erhaltung und Stärkung ihrer Errungenschaften, der Fortgang zur klassenlosen Gesellschaft. Der Faschismus wird als der
Sperr-Riegel begriffen, den *das formidabel gewordene Monopol an indu-
striellen und agrarischen Produktionsmitteln (Monopol, zum Gesinnungs-
terror der Ausbeuterklasse gesteigert)*[135] gegen diesen Fortschritt errichtet.
Um diesen Sperr-Riegel zu brechen, vereinigten sich die Antifaschisten zur
Volksfront. Der Internationale Schriftstellerkongreß zur Verteidigung der
Kultur im Juni 1935 in Paris wurde deren sichtbarer Ausdruck; Klaus Mann
nennt in seinen Erinnerungen einige Namen: «Mein Onkel Heinrich sprach
gegen Krieg und Faschismus. Mein großer Freund André Gide sprach gegen
Krieg und Faschismus. Der gescheite Huxley, der sympathische E. M. For-
ster, der wirkungsvolle André Malraux: Sie sprachen alle gegen Krieg und
Faschismus.»[136] Und viele mehr waren es, auch Bloch war unter ihnen. Die
Literaturzeitschrift «Das Wort» wurde hier gegründet, Bertolt Brecht, Willi
Bredel, Lion Feuchtwanger waren die Herausgeber, der sowjetische Staats-
verlag für Zeitschriften stellte die Mittel bereit. Dieser historische Hinter-
grund macht deutlich, warum die Expressionismus-Debatte in eben diesem
Organ der Volksfront der Kulturschaffenden nicht nur eine literarische,
sondern eine hochpolitische Angelegenheit war.

Unmittelbarer politisch traf die Volksfrontbewegung eine andere Bela-
stung: die Moskauer Prozesse 1937 und 1938. Hier ist nicht der Ort zu deren
politischer Analyse; Blochs Parteinahme war eindeutig: *Sie kommen nicht
darüber hinweg, daß der zwanzigjährige bolschewistische Jüngling sich so
vieler Feinde zu entledigen hat und sich ihrer so hart entledigt.*[137] Ein
Vergleich mit dem Revolutionstribunal des Wohlfahrtsausschusses der Jako-
biner und der erschreckten Abwendung der deutschen Revolutionsfreunde,
von Klopstock bis Schiller, drängte sich auf. *Der Choc von heute und damals
ist dennoch verwandt, der Choc am Revolutionstribunal und der an den
Prozessen; verwandt ist die Unlust, den außenpolitischen Ursprung der
plötzlichen Verschärfung zu verstehen. Verwandt ist der eilige, fast unver-
mittelte Abfall, im Augenblick, wo das Revolutionstribunal die Begeisterung
auf die Probe stellt, auf die Probe des konkreten Begriffs.*[138] Und die Konse-
quenz folgt: *Die Einsicht in die Bedrohung der Revolution ist heute leichter
erlangbar als in den zwanzig Jahren nach 1789 . . . der Monopolkapitalismus
erregt keine Ambivalenzen, die Wahl zwischen ihm und der sozialistischen
Sache des Volks ist leicht. Heute, denkt man, müßte die Einsicht, daß
antibolschewistische Parolen dem nackten Teufel dienen. die evidenteste
sein. Sinnlos übertriebene Kritik am Mutterland der Revolution befördert*

durchaus nicht, wie noch Klopstock und Schiller glauben konnten, das Ideal der Revolution; dem dient einzig die Volksfront.[139]

Ernst Blochs Apologie der Moskauer Prozesse ist für viele ein «Stein des Anstoßes» in seinem Œuvre oder doch mindestens in seiner Biographie geworden. Seine Parteinahme hat ihn Freundschaften gekostet, hat ihm Feindschaften eingebracht. Nach dem XX. Parteitag der KPdSU – der so viele Altkommunisten, die einst treu zu Stalin hielten, gleichsam ortlos machte – hat Bloch *Einiges, was heute anders beurteilt werden kann als etwa 1936/ 37*[140] nicht mehr in die Gesamtausgabe aufgenommen. Der Aufsatz *Jubiläum der Renegaten*, dem obige Zitate entnommen sind, ist geblieben, der über *Bucharins Schlußwort*[141] hätte im wesentlichen bleiben können. Denn diese Stellungnahmen haben einen mehr als taktischen, sie haben einen im hegelianischen Verhältnis von Politik und Philosophie liegenden Grund. Politisches Tun wird hier nach anderen Kriterien beurteilt als denen der Moral und des Gefühls. (Lehrreich ist der Vergleich mit Maurice Merleau-Pontys Analyse in «Humanismus und Terror»[142]; dort heißt es: «Das bürgerliche Recht nimmt die Vergangenheit als letzte Instanz, das revolutionäre Recht die Zukunft. Es richtet im Namen jener Wahrheit, welche wahrzumachen die Revolution im Begriff ist.»[143]) Moral und Politik können und werden – so deutet es sich in Blochs Naturrechts-Buch an[144] – erst unter den Bedingungen der Aufhebung der Klassengesellschaft einander angemessen werden können. Und in Zeiten härtesten Klassenkampfs ist – auch mit dem Blick auf das erstrebte Ziel – die politische Antithese die Wirklichkeit, außer der es nichts gibt. Wer gegen den einen Partei ergreift ist nolens volens Bundesgenosse und Helfershelfer des anderen. So gab es für die Verfechter der Volksfront 1937, vollends nach dem Menetekel des Spanienkriegs, nur die Alternative: ungespaltene Einheitsfront der Antifaschisten oder Hitler-Barbarei; und Bloch ließ, in Übereinstimmung mit der Leninschen Logik des ausgeschlossenen Dritten Wegs, keine andere Parteinahme gelten: *Die Welt ist eine wunderliche Einrichtung und nichts ist vollkommen auf Erden, auch nicht auf dem Sechstel der Erde. Auch das befreite Sechstel steht noch im Kampf, in der vollen Dialektik des Aufbaus. Es ist noch nicht so kristallen wie der Jahresabschluß einer Aktiengesellschaft, noch nicht so abgeklärt wie die Moral eines Nichteinmischungsausschusses. Das Sechstel mischt sich vielmehr in die Einmischungen der Anderen durchaus ein und hat, jenseits solcher Störungen, das ziemlich moralische Ziel, die Menschheit von ihren Ausbeutungen zu befreien.*[145]

In dieser spannungsgeladenen, widerspruchsvollen, iram et studium fordernden Zeit findet Bloch nun neben der unablässigen publizistischen Reflexion des politischen Alltags in kleinen, funkelnden Streiflichtern – zum erstenmal wieder seit dem *Geist der Utopie* – die große Form des Systems.

DIE GROSSEN WERKE

Der Kerngedanke und seine Entfaltung

Die Jahre der Emigration wurden so für Bloch zur Reifezeit seines philosophischen Werks. Die großen Systemschriften – *Das Materialismusproblem, Das Prinzip Hoffnung, Naturrecht und menschliche Würde, Subjekt–Objekt* – entstanden in diesen anderthalb Jahrzehnten, Werke des Mannesalters und der Lebensmitte. Für die souveräne Gebärde, mit der Bloch eine enzyklopädische Stoff-Fülle beherrscht und seinen Kerngedanken unterordnet, ist es nicht bedeutungslos, daß erst der Fünfzigjährige an die Ausarbeitung seines philosophischen Gebäudes ging; ein Jüngerer hätte den Reichtum des Wissens wohl kaum gehabt, hätte auch über die Kraft der Disposition nicht verfügt. Nun verliert Bloch sich nicht in den Einzelheiten des Materials, als welches sich ihm die Geistesgeschichte der Menschheit darbietet, sondern er kann die Weltgeschichte sub specie possibilis salutis betrachten. Und in diesem *ungeheuren laboratorium possibilis salutis* (wie er die Welt nennt) ist dann jedes kleinste Ingrediens bemerkenswert, die Schaubude auf dem Jahrmarkt ebenso wie Sarastros heilige Hallen, der Detektivroman nicht minder als Goethes «Wilhelm Meister».

Schon der junge Bloch hatte (wie gesehen) am scheinbar Nebensächlichen Einblicke in Wesentliches gewonnen – der alte Krug im *Geist der Utopie*, die kleinen Erlebnisse in den *Spuren* offenbaren ihre metaphysische Qualität. Der Gedanke, daß die Weltgeschichte ein Ganzes sei, das von seinem möglichen Ende her begriffen werden müsse, und in dem jedes Einzelne auf dieses mögliche Ende verweise, ist die blitzartige Intuition des Studenten gewesen, aus der als dem Kerngedanken sich die Weite seines Systems entfaltet. Bloch selbst hat das Verhältnis von Konzentration einer Leitidee und deren Entwicklung in die Breite am Beispiel Hegels erörtert (und diese Erörterung, mitten während der Arbeit am *Prinzip Hoffnung* angestellt, hat auch einen autobiographischen Stellenwert): *Echter Konzentriertheit ist nur ein Kerngedanke fähig, der dadurch einer ist, daß aus ihm Weite wächst und Weltbegriff. Wonach er kein Rattennest von Scheinproblemen bildet, sondern eine Baumschule voll echter und weiterwachsender Lösungsversuche. Kurz, wirkliches Vermögen zur Kleinheit ist identisch mit jener geistigen Intensität, die konzentrierbar ist, weil sie expandierbar ist, weil sie in der Enge so geladen, so trächtig ist.*[146]

Die geschichtsphilosophische Intention auf das «Reich der Freiheit», in dem der Mensch sich mit und mit der Welt, in der er lebt, identisch ist – er selbst Subjekt aller seiner Möglichkeiten, die Welt für ihn Heimat – diese Intention bewegte schon vom Innersten her den *Geist der Utopie*. Da diese Intention der schlechten Unendlichkeit eines bloß immer weiterlaufenden, sinnlosen Prozesses des Weltgeschehens die Idee eines nur im Überschreiten jedes möglichen Hier und Jetzt (also als Transzendenz) zu konstruierenden Ganzen und Letzten entgegensetzt, hat eine solche Geschichtsphilosophie immer einen religionsphilosophischen Kern. Dem Physik-Studenten Bloch, dem der Entropie-Satz die Sinn- und Hoffnungslosigkeit menschlichen Bemühens bedeuten müßte, antwortet der homo religiosus Bloch, der nicht bereit ist, die Humaniora dem Kältetod auszuliefern. *Ist der Mensch die*

*höchste Blüte der bisher so geringen Menge organischer Materie, so ist die
mögliche Blüte der großen Masse von anorganischer Materie («Ressurektion
der Natur» nennt Marx nicht Unverwandtes, an anderer Stelle) überhaupt
noch nicht befindbar. Ebensowenig sind die Einflüsse entschieden, welche,
wie Engels an anderer Stelle sagt, die technisch-kulturelle Verwandlung der
«Dinge an sich» in «Dinge für uns» auf den «ewigen Kreislauf» ausübt. So
daß er von Leben, Bewußtsein und sogar dem Reich der Freiheit nicht immer
wieder zum Dunstball zurückfließen muß.* [147]

Der junge Bloch mochte von einer «Erlösung» aus der unmenschlichen und
tödlichen physikalischen Determiniertheit träumen, von einem Sprung in
eine neue Qualität der messianisch zu ewigem Leben erretteten Welt (wobei
das messianische Moment in der neuen kommunistischen Gemeinschaft
verwirklicht werden sollte). Der philosophische Systematiker, der von einem
emotionalen Kommunismus zum wissenschaftlichen Sozialismus fortschritt,
konnte bei dem Verkündigungsgestus des *Geist der Utopie* nicht stehenblei-
ben, sondern mußte seine Intuition in ein Konstrukt von innerweltlichen
Realbeziehungen umsetzen, aus dem der Blick auf das Ganze der Geschichte
argumentativ herzuleiten ist. Auf *die Konstruktion der unendlichen Frage*
(*Geist der Utopie*) hatte das Konstruktions*prinzip* der metaphysischen Antwort zu folgen. Die geschichtsphilosophische Konzeption der konkreten Utopie blieb das Zentrum – sichtbar auch in dem überbordenden Reichtum des
Prinzip Hoffnung, dessen Umfang den jeder anderen Schrift von Bloch weit
übertrifft und auf dessen Inhalte alle anderen Schriften explikativ bezogen
sind. Anthropologische und erkenntnistheoretische Grundlegung, enzyklopädische Ausbreitung der Bewußtseinsgehalte und -gestalten, metaphysi-
scher Entwurf der Totalität sind in diesem Werk enthalten. Doch ist es für den
Philosophen Bloch relevant, daß er dieses Opus magnum erst in Angriff
nahm, n a c h d e m er sich einer materialistischen, ontologischen Grundlegung vergewissert hatte: die Untersuchungen des *Materialismusproblem*
gingen der Ausarbeitung des *Prinzip Hoffnung* voran, unerläßliche Fundie-
rung der Geschichte in der Natur, des historischen Materialismus im dialektischen, darin der theoretischen Linie Engels–Lenin–Stalin verpflichtet, die
von den «Revisionisten» aller Schattierungen zum Schaden der theoretischen
Konsistenz einer marxistischen Philosophie bekämpft wurde. Dem geschichtsphilosophischen Konzept schließt sich der Aufriß der «praktischen
Philosophie» in *Naturrecht und menschliche Würde* an. Die *Erläuterungen
zu Hegel* schließlich (*Subjekt–Objekt*) waren fällig, um zu verdeutlichen, aus
welcher theoretischen Wurzel das Konstruktionsprinzip der Blochschen Ge-
schichtsmetaphysik entsprang, aber auch um abzugrenzen, in welcher
grundsätzlichen Weise sich die Konstruktion eines offenen Systems von
traditionellen Metaphysik geschlossener Systeme unterscheidet.

«DAS MATERIALISMUSPROBLEM»

Heilsgeschichte kann gnostisch als eine Befreiung des Geistes aus den Fesseln
der Stofflichkeit gedacht werden, als Aufstieg von der Materie zu den Gefil-
den reiner Geistigkeit, wo die Seele nicht mehr «entfremdet» (der Ausdruck
kommt schon in den gnostischen Schriften vor), nicht mehr mit Fremdem

Das Wohnhaus der Blochs in Cambridge (Massachusetts),
von 1942 bis 1949

behaftet bei sich selbst ist. Die Materie gilt dann, wie in allen platonistischen Lehren, als das Prinzip des Bösen, des Unwahren, des Scheins – kurz als jener Teil unserer Existenz, der zu überwinden ist, wenn wir «eigentlich» wir selbst sein wollen. Die materielle Welt ist die der Unfreiheit, der Determiniertheit, der Heteronomie; wird ihr Realität zuerkannt, so ergibt sich daraus ein manichäischer Dualismus, andernfalls reduziert man die Materie auf den Status eines bloßen Phänomens und gelangt zu einem spiritualistischen Monismus. In beiden Auffassungen ist das wirkliche Wesen des Seins außerhalb der natürlichen Welt in einem ganz anders gearteten Jenseits gelegen. Und Heilsgeschichte ist dann gerade nicht Weltgeschichte, sondern vollzieht

sich in der Ablösung von der innerweltlichen Realität, in der Zuwendung von der civitas terrena weg zur civitas Dei (Augustinus). Die religiösen Erlösungsutopien sind spiritualistisch. Erst wenn sie ihren Inhalt innerweltlich als beste Form menschlicher Gemeinschaft, als Aufhebung von Unrecht und Not bestimmen, wird die Frage nach dem Verhältnis menschlichen Tuns zur «blinden Notwendigkeit» der Natur, die Frage nach den materiellen Bedingungen für das «Reich der Freiheit» dringend.

Schon der junge Bloch, der noch als Schüler das Manuskript *über die Kraft und ihr Wesen* verfaßt hatte, wollte die Materie als den fruchtbaren Schoß auffassen, aus dem alle Gestaltungen hervorgehen und immer neue Wirklichkeiten hervorgehen werden. Wenn er später, einen aristotelischen Terminus aufnehmend, die Materie als das Dynamei on, das In-Möglichkeit-Sein für die unendliche Fülle des Seienden, bezeichnete, so ist damit der frühe Gedanke nur auf einen traditionsreichen Begriff gebracht. In vieler Hinsicht ist der Hegelianer Bloch auch ein Aristoteliker; so in seiner Auffassung von einem entelechialen Charakter der Welt, die in sich als Möglichkeit ein Telos trägt, eine Chance der Perfektion, die zu realisieren dem Menschen aufgege-

*Tryptichon der deutschen
Emigration. Gemälde von
Arthur Kaufmann. Linker
Flügel, letzte Reihe, ganz
rechts: Ernst Bloch*

ben ist als Resultat einer Dialektik der Natur, die die menschliche Gattung
hervorbrachte. Der Utopiker Bloch braucht den Naturphilosophen Engels,
um einen materiellen Boden für die konkrete Utopie zu finden, die er
anvisiert – und in dieser Verbindung kann er Marxist sein. Aus Engels
übernimmt er das materialistische Programm einer «*Erklärung der Welt
durch sich selbst*», aber als «*historisch reich bewegter*», zu immer «*qualifi-
zierteren Organisationsformen*» *aufsteigenden*[148]. Dieses Programm zeichnet Natur (ihrem lateinischen, vom Partizip des Futurs abgeleiteten Wortsin-
ne gemäß) als Welt-Geschichte, *als eine kontinuierliche Diskontinuität, eine
dialektisch diskontinuierliche Kontinuität qualitativ verschiedener Mate-
rien, aufsteigend von mechanischen, chemischen, organischen zu ökono-
misch-historischen*[149]. Diese Bewegung führt zum Umschlag einer Qualität
in eine andere auf dem Weg durch kontinuierliche quantitative Veränderun-
gen (das unendlich Kleine der Differentialrechnung, den Leibnizschen petites
perceptions entsprechend, worauf Holz hingewiesen hat[150]) So gibt es ein
dialektisches Gesetz der Entwicklung der Arten, des realdialektischen Um-
schlags von einer Gattung in eine andere (der formallogisch verpönten

metabasis eis allo genos). So kann Bloch, gegen ein bloß ökonomisch-historisches Verständnis des Marxismus den vollen Umfang des Materialismus aufnehmen und in sein von der Zeitkategorie dominiertes System einbringen, indem er wie Engels feststellt, *daß die anorganische Natur also nicht nur ein Vorbei ist, über dem sich dann, als einem völlig abgegoltenen, einzig die Menschenwelt und ihre Sphären erheben, wie bei Hegel, sondern die physische Natur uns weiter umgibt, in Sonne, Sternen uns sozusagen überwölbt und durchaus Neues enthalten kann, in ihrem Riesenfundus noch nicht umgeschlagener Quantitäten, in ihrer das All ausmachenden Menge anorganischer Materie, die einen möglichen Qualitätstag noch nicht gehabt hat*[151].

So wird die materielle Natur zum Boden aller möglichen Geschichte, auch jener, in der die bewußte Arbeit des Menschen (oder vielleicht auch anderer intelligenter Wesen irgendwo im Kosmos) geplant verändernd auf die Natur selber zurückwirkt, allerdings nie abgelöst von ihr, sondern immer als ein Teil ihrer selbst. Hans Heinz Holz hat hieraus, an Bloch anknüpfend und zugleich das Modell der Leibnizschen Monadenkosmologie benützend, die These entwickelt, schon die materielle Natur (und nicht erst die Sphäre des Bewußtseins) müsse als ein multiples Reflexionssystem konstruiert werden, innerhalb dessen die von den positivistisch verfahrenden Einzelwissenschaften entworfenen Subsysteme als relativ starre Momente des Reflexionsprozesses aufgehoben sind: dies sei der eigentliche Sinn der «Dialektik der Natur». Für Bloch ist damit zugleich die materielle Absicherung der Auffassung gegeben, die Menschheitsgeschichte sei ein Stück Naturgeschichte, wenn auch ihr Gegenteil (weil bewußt und geplant), und erst in dieser übergreifenden Einheit erfülle sich die Wahrheit der Metaphysik: *Nicht nur die Bewegung der Materie, sondern Materie insgesamt, als aktives dynamei on, ist noch unvollendete Entelechie ... Und das letzte Problemthema in seiner Fassung, daß Substanz ebenso Subjekt werde, bleibt Materie als unvollendete Entelechie in beiden Weltreihen: Menschengeschichte und kosmischer Natur.*[152]

DAS PRINZIP HOFFNUNG: NOCH-NICHT-SEIN UND MÖGLICHKEIT

Ist die Materie selbst, die Natur, noch offen für qualitativ Neues, ist sie selbst das dynamei on, das alle zukünftigen Verwirklichungsgestalten als Tendenz und Latenz in sich trägt und aus sich heraustreibt, so kann das Bewußtsein (einschließlich des Vorbewußten und Unbewußten) als die Reflexion der Materie auf sich selbst diesen Möglichkeitsraum des Noch-nicht-seienden und noch Ungewordenen abspiegeln. Die Weisen der Widerspiegelung des Noch-Nicht sind die Antizipation, die Utopie, die objektive Phantasie. Sie kommen nicht beliebig irgendwoher, wie Illusionen oder «wishful thinking», sondern haben ihren Grund in der gegenständlichen Welt, deren Unfertigkeit und Unvollkommenheit im menschlichen Subjekt als dessen Ungenügen an der Realität aufbricht und ein Hinausstreben über das Gegebene auslöst. So wird das Prinzip Hoffnung, die aktiv verändernde Kraft in der Welt, aus einer ontologisch-anthropologischen Schichtung entfaltet.

Das erste, womit der Mensch konfrontiert wird, ist der Mangel; er hat nicht, was er haben müßte, um zufrieden zu sein. Schon das Neugeborene

Manuskriptseite aus «Prinzip Hoffnung», in den USA geschrieben

Nicolai Hartmann

verspürt Hunger, drängt zu der Mutter Brust, um dem schmerzhaften Mangel abzuhelfen; es schreit. Bis ins hohe Alter merken wir immer wieder, daß wir etwas nicht haben, mithin unvollständig sind. Wie der Mangel unser einzelnes Leben begleitet und unser Tun anspornt, so auch die Gattung Mensch: Not lehrte Denken, Werkzeuge bereiten, Feuer schlagen, Hütten bauen. Not lehrte den Zusammenschluß der Menschen zur Horde, zur Gemeinschaft, zum Staat. So ist vor jeder Logik die Negation schon im natürlichen Sein des Menschen enthalten und geht von da aus in sein gesellschaftliches Sein über. Negation nicht als Nichts, sondern als das selbst schon wieder negierbare, aufhebbare Nicht eines Etwas, aus dem die Bewegung auf ein Ziel hin (die Negation der Negation) entspringt. *Nicht ist der abgezogene Begriff für jenes in uns befindliche Null an Haben, das aber bereits Nicht-Haben ist. Das so lebende, wenn auch keineswegs greifbare Meinen an sich ist Mangeln. Dieses ist unruhig und von sich weg treibend an sich; so ist das Daß des Hungers, des ungesättigten Suchens, Sehnens. All das sind Namen für das gleiche Nicht als Nicht-Haben, worin das erste Befinden eingetaucht ist . . . Nicht-Haben, Mangeln ist also die erste vermittelte Leere von Jetzt und Nicht.*[153]

Die Not als das gefühlte Nicht lehrte allerdings nicht nur arbeiten, sondern auch beten, wenn die eigenen Kräfte nicht ausreichten, um sie zu wenden; so entstand mit dem Denken zugleich auch die Ideologie, die die Richtung des Denkens ablenkt. Doch auch die Ideologie bleibt bei sich nicht stehen, überall gibt es Nicht-Gewußtes oder widerspruchsvoll Erfahrenes, woran schon im Alltag das Staunen entsteht, das zum Nachdenken führt. Das Wundern ist nach Platon der Anfang der Philosophie. Darin aber werden wir eines Nicht-Wissens inne und zugleich zeigt sich uns darin die Gegend, in der wir das Wissen suchen müssen, das uns fehlt. Trieb, Not und Staunen führen den Menschen über sein bloßes Daß-Sein hinaus, in ihnen offenbart sich seine Offenheit.

Aus dem anthropologischen Befund ist der ontologische Fundus an kategorialen Bestimmungen hergeleitet. Auch Sartre hat in der «Kritik der dialektischen Vernunft»[154] den Menschen als Mangelwesen gekennzeichnet. Aber Sartre entwickelt daraus nur den Übergang von der natürlichen Biosphäre zur gesellschaftlichen Produktionssphäre, den Ursprung der Arbeit. Bei Bloch hingegen wird das Nicht-Haben als anthropologische Struktur des Mängelwesens Mensch zum Indiz für das Nicht überhaupt im Sein, also für die dialektische Verfassung des Seins: Nicht-sein ist nicht Nichts, sondern ein Nicht im Sein, das aufgehoben werden kann zum Sein, es ist eben Noch-nicht-sein, was bedeutet, daß aus der Seins-Dialektik die Zeit hervorgeht, nicht als unsere Anschauungsform (wie bei Kant), sondern real als Form des Weltprozesses. *Das Nicht bleibt überall bezogen auf ein Haben, das es nicht hat . . . intensives, tendenzielles Nicht-Haben also ist der dynamisch-materielle Ursprung alles zeiträumlich Gehabten. Bewegung setzt und verändert den Stoff der Natur, Arbeit an ihm setzt und verändert den Stoff der menschlichen Geschichte.*[155]

So gehört zu den ersten Erfahrungen, die wir machen, das gegenständliche Nicht, mit dem wir behaftet sind. Wir empfinden, daß wir nicht sind, was wir sein könnten, solange uns dies oder jenes oder überhaupt etwas fehlt. So werden wir darauf gestoßen, ein Nicht in unserem Dasein aufzuheben; wir nehmen es nicht als endgültiges hin, sondern als ein Noch-Nicht. In der Zeit kann sich manches ändern, besonders wenn ich daran mitwirke. Es gibt eine Zukunft, in die meine Phantasie reicht. *Das Nein zum vorhandenen Schlechten, das Ja zum vorschwebenden Besseren wird von Entbehrenden ins revolutionäre Interesse aufgenommen. Mit dem Hunger fängt dies Interesse allemal an, der Hunger verwandelt sich, als belehrter, in eine Sprengkraft gegen das Gefängnis der Entbehrung.*[156]

Eine Ontologie des Noch-Nicht-Seins steht und fällt mit dem Seinsrang, den man der Möglichkeit zuerkennt. Gibt es keine existierenden Möglichkeiten, so gibt es auch kein Noch-Nicht, und alles Überschreiten im Bewußtsein wäre nur Täuschung, die Welt von Anfang an bis Ende schon fertig. So haben in der Antike schon die Megariker gedacht, und in unserer Zeit hat Nicolai Hartmann behauptet, daß es gar keine Möglichkeit geben könne: denn entweder sei die Existenz einer Sache zureichend bedingt, und dann müsse sie notwendig wirklich sein, oder aber es fehle eine Bedingung, die zu ihrem Wirklichsein erforderlich wäre, und dann sei sie eben unmöglich.[157] So ließ Hartmann zwischen Unmöglichkeit und Notwendigkeit keinen Spielraum als den eines subjektiven Scheins. Von Realmöglichkeit dürfte dann nie gesprochen werden, nur als Denkspiel könnte man sich ausmalen, was geschähe, wenn dieser oder jener Umstand einträte. So aufgefaßt ist die Welt dicht und lückenlos und ohne Raum für Freiheit.

Jedoch ist die Kategorie Möglichkeit vielschichtig, und eines der tiefsten und weitestreichenden Kapitel im *Prinzip Hoffnung* legt die *Schichten der Kategorie Möglichkeit*[158] frei. Sie kann sich sowohl auf den Modus der

Aussage (des Denkens) beziehen als auf den Modus des Seins. Und Sein und Denken sind nicht einfach durch ein Abbildverhältnis verknüpft, so daß der Denkmodus Möglichkeit als Spiegelbild des Seinsmodus Möglichkeit betrachtet werden könnte. Vielmehr gibt es Verschiebungen, das Real-Unmögliche kann immer noch Denkmöglich sein, so etwa, wenn wir uns einen Kentaur vorstellen oder gebratene Tauben, die dem Träumer im Schlaraffenland in den Mund fliegen.

Aus dem bloß Denkmöglichen kann aber nichts geboren werden. *Folgen hat das Mögliche nur, indem es nicht bloß als formal zulässig, oder auch als objektiv vermutbar oder selbst als objektgemäß offen vorkommt, sondern indem es im Wirklichen selber eine zukunfttragende Bestimmtheit ist. Es gibt derart realpartielle Bedingtheit des Objekts, die in diesem selber seine reale Möglichkeit darstellt. So ist der Mensch die reale Möglichkeit alles dessen, was in seiner Geschichte aus ihm geworden ist und vor allem mit ungesperrtem Fortschritt noch werden kann. Und im unerschöpften Ganzen der Welt selber: die Materie ist die reale Möglichkeit zu all den Gestalten, die in ihrem Schoß latent sind und durch den Prozeß aus ihr entbunden werden.*[159] So ist Möglichkeit der Seinszustand der Welt schlechthin, als einer Welt, die von der Zukunft noch Neues zu erwarten hat. Was wirklich ist, bildet nur einen Ausschnitt aus der Welt der Möglichkeiten und mit jedem Fortschreiten des Weltprozesses entstehen neue Möglichkeiten, mehr und reichere, als je insgesamt verwirklicht werden.

DAS PRINZIP HOFFNUNG: ZEIT, GESCHICHTE, DIALEKTIK

Die Kategorie Möglichkeit ist bezogen auf die Zeit. Nur wo Zukunft ist, hat es einen Sinn, von Möglichkeit zu reden, denn was nicht wirklich, sondern erst möglich ist, muß ja in Zukunft wirklich werden können; sonst wäre es nicht möglich, sondern nur einfach nicht wirklich.[160] *Kein Ding ließe sich wunschgemäß umarbeiten, wenn die Welt geschlossen, voll fixer, gar vollendeter Tatsachen wäre. Statt ihrer gibt es lediglich Prozesse, das heißt dynamische Beziehungen, in denen das Gewordene nicht völlig gesiegt hat. Das Wirkliche ist Prozeß; dieser ist die weit verzweigte Vermittlung zwischen Gegenwart, unerledigter Vergangenheit und vor allem: möglicher Zukunft. Ja, alles Wirkliche geht an seiner prozessualen Front über ins Mögliche, und möglich ist alles erst Partial-Bedingte, als das noch nicht vollzählig oder abgeschlossen Determinierte . . . Bewegtes, sich veränderndes, veränderbares Sein, wie es als dialektisch-materielles sich darstellt, hat dieses unabgeschlossene Werden-können, Noch-Nicht-Abgeschlossensein in seinem Grunde wie an seinem Horizont.*[161]

Ist die Welt noch nicht abgeschlossen, so ist im jeweiligen Jetzt die Front des Geschichtsprozesses[162], an der das Neue verwirklicht wird. Was kommt, ist anders, als was gewesen ist; man kann es besser machen. Dieser qualitative Unterschied zwischen dem alten Wirklichen (dem Vergangenen) und dem beginnenden Neuen (dem Zukünftigen) mit dem Einschnitt des Jetzt macht das Wesen der Zeit aus. *Die Zeit als Weise des Sich-Bewegens und -Veränderns ist auch als Gegenwart flüchtig . . . die Gegenwart setzt Zukunft wie Vergangenheit voraus, ja ist eben selber nicht nur ein reiner Zeitmodus . . .*

Einzig das Jetzt ist der Beginn, so wie seine sich noch abstandslose Nähe überall der Beginn ist. Und in dem Jetzt-Beginn direkt sich anschließend, das eigentliche Pulsieren in der Zeit bezeichnend, läuft noch lange keine Gegenwart, sondern lauter Kommen, Herauskommen, also Zukünftiges, so wie dann einzig aus diesem wieder Vergangenes folgt, als das, was nicht bleiben kann, weil es meist mehr schlecht als recht geworden ist.[163]

Nun bringt die gleichförmige Kalender- und Uhrzeit das philosophische Problem der Zeitlichkeit überhaupt nicht in den Blick. Edmund Husserl hat in seiner Analyse des inneren Zeitbewußtseins[164] inhaltliche Erfüllungsmomente der Zeit mit rückläufiger Verlängerung ins Gewesene (Retention) und vorlaufender ins Kommende (Protention) festgestellt; doch hielt sich der Hof, der da um das gegenwärtige Jetzt gelegt wurde, noch ganz in dessen nächster Nähe. Martin Heidegger[165] nahm den Tod als subjektives Kriterium der Zeitlichkeit und faßte damit die Totalität des individuellen Lebensverlaufs ins Auge, gewann so den Begriff des «Sich-vorweg-seins auf seine je eigenen Möglichkeiten» und sah damit etwas von dem Zusammenhang zwischen Zeit und Möglichkeit, zwischen Temporalität und Modalität. Husserl wie Heidegger beschränkten sich jedoch auf die sujektive Zeit des Individuums, nicht anders als Bergson, der den Unterschied von qualitativer Erlebniszeit und quantitativer Uhrzeit herausgearbeitet hat.[166] *Das Problem der historischen Zeit, die in unterschiedlicher Dichte (Inhaltserfülltheit) und Geschwindigkeit verschieden erscheint, wurde dabei jedoch noch gar nicht angesprochen. Die Zeit insgesamt fällt nicht mit dem gradlinigen Nacheinander bloßer Uhrzeit zusammen, sie existiert zwar unabhängig vom Menschen, aber auch in ihrem Vergangenheitsmodus nicht unabhängig von dem sich verändernden, unabgeschlossenen Inhalt, der in ihr vorgeht und dessen konkretes Feld sie darstellt. Daher gibt es eben durchaus mehr oder weniger konkrete Zeit in dem bloß abstrakt-einförmigen Quantum einer als gleichmäßig sich fortreihend angesetzten, von Vorgängen unabhängigen Uhrzeit.*[167] Sowohl im Hinblick auf Vergangenheit, die sich in langen Perioden kontinuierlicher Entwicklung und in kürzeren revolutionären Epochen höchst ungleichmäßig und wellenförmig bewegte – mit Wogenbergen, Brechern und Gischt neben langgezogener Dünung – als auch im Vorausblick auf Zukunft, in der sich Möglichkeiten verschieden drängend akzentuieren und einzelne Punkte durch besonderen antizipierenden Einsatz ausgezeichnet sind – in beiden Blickrichtungen differenziert sich die Zeit und verliert die Form reiner Chronologie. *Folglich sind die verschiedenen Zeitquanta selber nicht homogen, sie sind meist deutlich qualitativ voneinander verschieden, so deutlich, daß vor allem die inhaltlich grundverschiedenen Vergangenheiten der «Naturgeschichte» und der «Menschengeschichte» nicht ohne weiteres auf derselben Linie einzuzeichnen sind. Die sogenannten Jahrmillionen der geologischen Zeit gehen keineswegs im selben Sinn der historischen Zeit vorher wie etwa der peloponnesische Krieg den Kreuzzügen. Die geologische, gar kosmogonische Zeit ist also nicht nur außerordentlich viel länger als die menschhistorische mit ihren achttausend Jahren, sondern die sogenannte kosmische Vergangenheit ist mit ihren Produkten und Inhalten überhaupt nicht nur vergangen, vielmehr während und uns riesig umgebend.*[168]

Aber nicht nur Natur- und Geschichtszeit sind unterschieden, sondern innerhalb der Geschichte gibt es auch noch verschiedene Dichte. Es gibt in ihr

Martin Heidegger, Juni 1971

Henri Bergson

konzentrierte Möglichkeitsfelder mit hohem Maß von Engagement und Entscheidung neben relativ glatten, undurchbrochenen Bedingungszusammenhängen. Es gibt Zeiten, in denen vieles aufeinanderstößt, was nicht zusammenpaßt, neben Zeiten von größerer Homogenität. Das Problem der Zeitstruktur muß also neu durchdacht werden. Schon in *Erbschaft dieser Zeit* sprach Bloch von *Ungleichzeitigkeit und Pflicht zu ihrer Dialektik*[169]. In der Abhandlung über den Fortschrittsbegriff wird das weitergeführt: *Es gibt zwar nicht in der einfachen Chronologie des historischen Nacheinander (die sich wiederum nur an die Uhrzeit anschließt), wohl aber bereits im Zeitfärbungsproblem der einzelnen historischen Perioden und vor allem eben, auf legitime Weise, in den einzelnen Überbauten variierte Zeitstrukturen. Diese variierten Zeitstrukturen sind es ja nicht zuletzt, welche auch den Fortschritt in Wirtschaft, Technik und Kunst nicht leicht auf gleichen Generalnenner bringen lassen.*[170] Und Bloch fordert *statt der Einlinigkeit ein breites, elastisches, völlig dynamisches Multiversum, einen währenden und oft verschlungenen Kontrapunkt der historischen Stimmen. So läßt sich, um dem riesigen außereuropäischen Material gerecht zu werden, nicht mehr einlinig arbeiten, nicht mehr ohne Ausbuchtungen der Reihe, nicht mehr ohne komplizierte neue Zeit-Mannigfaltigkeit.*[171]

Es reicht also nicht aus, die Zeit entsprechend der formalen Kontinuität des Zahlenstrangs zu begreifen. Vielmehr strukturiert sie sich entsprechend der Dichte des Erfüllungsinhalts und des Möglichkeitsfeldes. *Das Haben als*

Edmund Husserl

ebensolches Nichthaben geht durch den ganzen Fluß, qua Fluß, zwar hindurch, aber da dieser Fluß keiner des überall schon korrespondierenden
Geistes, sondern ein hart gebrochener ist, setzt er immer wieder an. Die
Konflikte haben nun wirklich etwas zu nagen und zu beißen, müssen es fort
und fort, auf wirklich harte Weise. Sie sind durch nichts Vorheriges, nichts
Nachheriges in ihrem prekären Verlauf bereits präjudiziert; so ist m a t e r i -
e l l e Dialektik, anders als Hegels ideelle, auch in ihrem Taktschlag, erst recht
in ihrem wirklichen, inhaltlichen Zusammenhang diskontinuierlich.[172] Daraus ergibt sich, daß auch innerhalb des Gleichzeitigen noch qualitative Unterschiede vorkommen. An weit voneinander getrennten Orten können gleichzeitig sehr verschiedene Zeiten ablaufen. Der Tag, an dem die Atombombe
auf Hiroshima fiel, gehörte dort einer anderen historischen Ordnung an als in
den USA oder in Europa, die von der apokalyptischen, in die Zukunft hinein-
wirkenden Zerstörung verschont blieben.

Auch einfachere Arten der Ungleichzeitigkeit müssen geschichtsphilosophisch bemerkt werden. Das Leben in einem indischen Dorf verläuft in
anderen Rhythmen und Geschwindigkeiten als in einer europäischen Groß-
stadt, die Geschichte eines afrikanischen Negerkrals hat eine andere Zeitlichkeit als die einer modernen Lebensgemeinschaft. Es gibt ein Nebeneinander
verschiedener Stufen technischer, ökonomischer, gesellschaftlicher, geistiger
Entwicklung, eine äußere Gleichzeitigkeit ungleichzeitiger Stadien. Daraus
ergeben sich praktische, aber selten theoretisch reflektierte Folgen wer zum

71

Beispiel einer auf frühfeudaler Stammesbasis organisierten Gesellschaft eine formale Demokratie nach europäischem Muster als Regierungsform eines noch ganz und gar ungefestigten Staates aufnötigt, der begeht einen groben Verstoß gegen die Gesetze der historischen Stadialität. Er hält für gleichzeitig und übertragbar, was in Wirklichkeit verschiedenen Perioden der Menschheitsgeschichte angehört. Schon lange bevor es die Probleme der Entwicklungsländer gab, hat Bloch solche Mehrschichtigkeit des geschichtlichen Heute herausgestellt.

Die Logik der Zeitlichkeit und des sich in der Zeit verändernden Weltgehalts ist die Dialektik. Sie ist objektiv die Selbstaufhebung eines Zustands im Übergang zum nächsten Zustand, also durch Negation oder Widerspruch vermittelter Prozeß: so wie, nach klassischer marxistischer Lehre, der Kapitalismus das Proletariat notwendig hervorbringt, das dann zum Totengräber des Kapitalismus werden wird. Subjektiv ist sie die Formulierung des Widerspruchs als Denkfigur und als Denkschritt. Materielle Dialektik setzt den offenen Raum voraus, in dem die Widersprüche aus der Sache selbst hervortreten und überwunden werden können. Sie läuft mit den Ereignissen zusammen und diesen voraus. Sie ist also nicht nur Methode des Denkens, sondern des realen Fortschritts, als dessen letzter Horizont das Ganze, die erst am Ende der Zeiten fertige Totalität steht. Die Geschichte der Dialektik zeigt, daß in ihr – auch da, wo sie idealistisch gefaßt wird – doch immer die Orientierung auf den realen historischen Gegenstand vorausgeht. Ihr Substrat liegt nicht im Denken, gerade deshalb, weil sie als Methode nicht die einfache Reflexion, sondern die Reflexion der Reflexion voraussetzt und sich also nicht einfach auf die Spiegelung der Welt im Bewußtsein bezieht, sondern auf das Bewußtsein von der Welt als gespiegelter. Sie hat also gleichzeitig die realen Gehalte der Welt und deren Repräsentation im Bewußtsein gegenwärtig. *Daher setzt dem dialektischen Prozeß verbündetes Fortbilden anläßlich der Erkenntnis auch der sogenannten Tatsachen als bloßer verdinglichter Prozeßmomente die Wahrheit der Tendenz und Latenz in diesem Prozeß endlich an entscheidende Stelle . . . Tendenz: sie ist das Haben und Nicht-Haben, folglich das Werden der Ur-Sache im historischen Experiment ihrer Totalität. Es erhellt nun, daß Totalität, indem sie dergestalt in der Tendenz geht, jedoch gehemmt und noch unerreicht, zugleich das utopisch Fundierende der Tendenz einschließt: die Latenz.*[173]

Das *Prinzip Hoffnung* gibt mehr als nur das theoretische Gerüst, das wir hier skizziert haben. Schon dieses nackte Modell einer Ontologie des Noch-Nicht-Seins würde genügen, Bloch zu den großen Philosophen der Weltgeschichte zu zählen. Doch darüber hinaus entwickelt er seinen Hauptgedanken in die Breite. Die geschichtliche Fülle der Zeugnisse menschlichen Geistes wird auf die Indizien abgefragt, die auf das Noch-Nicht-Erschienene vorausdeuten: Kunst, Literatur und Musik, Sozialtheorien und Religion, aber auch die Einzelwissenschaften (samt Technik) und ihre vorwissenschaftlichen Frühstadien. Das Inhaltsverzeichnis des *Prinzip Hoffnung* ist ein Programm einer Enzyklopädie und Phänomenologie des Menschengeistes.

Der ebenso sozialphilosophisch-revolutionäre wie religionsphilosophisch-eschatologische Horizont, in den die Bewußtseinsgestalten einbeschrieben sind, die das *Prinzip Hoffnung* aufblühen läßt, ist die Idee der guten Welt, in der der Mensch nicht mehr zum Wolf für den Menschen wird. Das Bonum als Telos der Geschichte – das ist ein augustinisch-mittelalterlicher Gedanke. In zwei ideologischen Überlieferungsströmen findet Bloch den gesellschaftlichen Reflex des antizipierten Bonum: in den Sozialutopien, die von einer vorausschweifenden Phantasie entworfen werden und von den Tatsachen aus (aber oft auch von ihnen weg) im Reich des Möglichen sich siedeln; nicht zufällig heißt Utopia «Nirgendwo». Und zweitens im Naturrecht, das Bloch den strengen Vetter der Utopie nennt und das mittels Vernunftschlüssen zu den Bedingungen der Möglichkeit der Freiheit gelangen will. Querverbindungen aller Art bestehen zwischen naturrechtlichen Setzungen und utopischen Postulaten. Es gibt Zeiten, in denen beide sich zum Protest gegen das Bestehende und gegen eine schlechte Wirklichkeit vereinigen. Allerdings sind die Utopien unzweideutiger progressiv, das Naturrecht bleibt häufig ideologisch ambivalent und kann auch der Rechtfertigung traditioneller Wertordnungen gegenüber dem Fortschritt dienen. Zwar gilt: *An der Wiege des Marxismus stand also nicht nur die ökonomische Parteilichkeit für die Mühseligen und Beladenen, sondern doch auch die naturrechtliche für die Erniedrigten und Beleidigten – als Parteilichkeit, die sich auf den Kampf menschlicher Würde, auf solch konstitutives Erbe aus dem klassischen Naturrecht, versteht. Aber ebenso gilt: Es gibt keine angeborenen Rechte, sie sind alle erworben oder müssen im Kampf noch erworben werden. Nicht haltbar ist selbstverständlich, daß das Eigentum zu den unveräußerlichen Rechten gehöre. Nicht haltbar ist die Konstruktion a priori aus reinem Verstand. Als Fiktion einer lückenlosen Ableitung der Rechtsnormen aus einem juristischen Zweckprinzip ante rem. Nicht haltbar ist auch die Vergötzung des äußeren Korrelats zum ewigen Menschen: die Vergötzung einer angeblich unwandelbaren und normativen Gesamtnatur. Nicht haltbar ist das ungeschichtliche Denken, das in falscher Höhe stehen bleibt. Die naturrechtlichen Bestimmungen wurden am Ort, nicht aus der Geschichte entwickelt, als darin angelegte, sich entwickelnde. Sie wurden vielmehr von oben herab, von einer fetischistisch vorgeordneten Natur her, ans Bestehende herangebracht, als Ideale.*[174] Diese Ambivalenz zeigt an, daß Naturrecht nicht einfach in den Marxismus übernommen werden kann, aber ebensowenig einfach aus ihm ausgeschlossen werden darf. Am Naturrecht muß das herausgehoben werden, was als humanes Erbe in Betracht kommt. Gerade die Rechtssphäre, die heute am stärksten in Bewegung geraten ist und in der heute Rechtsschöpfungen dringlich werden und geschehen, nämlich das Völkerrecht, läßt sich bei der Ausbildung positiv rechtlicher Normen nicht ohne Rückgriff auf naturrechtliche oder besser vernunftrechtliche Prinzipien gestalten: gerade deshalb, weil das reine Vertragsprinzip bei Zurückhaltung des einen oder anderen Mitglieds der Völkergemeinschaft nicht funktionieren kann. Man denke zum Beispiel an das internationale Abkommen über die Einstellung nuklearer Versuchsexplosionen in der Atmosphäre, dem Frankreich und die Volksrepublik China nicht beigetreten sind; dennoch darf das

Testverbot als Völkerrechtsnorm gelten, weil eine Nichtbeachtung auf die Dauer zur Gefährdung des Lebens der menschlichen Gattung führen müßte. Wenn es also um die Menschenrechte oder um eine universale Friedensordnung in der Welt geht, wird das Naturrechtserbe ins Spiel kommen, aber erst dann von ideologischen Beimischungen gereinigt, wenn es auf den einzig legitimen Zweck des Staates, nämlich hinzuarbeiten auf die Aufhebung des Staates, auf die Herstellung der Gemeinschaft freier Menschen, bezogen werden kann. Dann erst fallen Vernunftrecht und Utopie in eins zusammen – unter Aufhebung dessen, was in der Klassengesellschaft Recht war. *Eine künftige Weltleitung gut dem Bedürfnis angepaßter Produktionsvorgänge übernimmt keinerlei Staatsgeschäfte, wohl aber wäre denkbar, daß etwas wie zentrierte Ratgebung, wie Verwaltung des Sinns übrigbleibt. Dieselbe Gesellschaft, worin sich die Produktions- und Distributionsvorgänge völlig am Rande zutragen werden, legt eben deshalb die wesentlichen menschlichen Angelegenheiten in die Mitte, ans Ende, in die Zielfragen des Wohin und Wozu . . . Statt «Regierung über Personen» kommt «Verwaltung von Sachen», Leitung von Produktions- und Austauschprozessen: aber wo stehen der Organismus der Personen, die Apsis und vor allem das Apsisfenster der Solidarität, das ohne Transzendenz transzendierend beleuchtende?*[175] Hier klingt frühe Vorstellung von der Aufhebung des Staats in der Gemeinde wieder an (bis in den Titel dieses Kapitels, der lautet: *Das Recht auf Gemeinde*), die Perspektive des *Geist der Utopie* tut sich wieder auf. *So nur ist das neue, das so radikal wie orthodox gewordene Leben zu verstehen, so nur mag sich die genaueste wirtschaftstheoretische Ordnung und Nüchternheit mit der politischen Mystik verbinden und von ihr aus legitimieren. Sie nimmt alles erbärmlich Störende hinweg, um es unter Aufhebung der wirtschaftlichen Privatsphäre einer genossenschaftlichen Sozietät zu übergeben; aber sie läßt dafür die wirkliche Privatheit und die ganze sozial unaufhebbare Problematik der Seele stärker als jemals hervortreten . . . Nur so hat die Gemeinschaft Raum, sich frei erwählend, über der lediglich entlastenden Gesellschaft und kommunistisch durchorganisierten Sozialwirtschaft, in gewaltfreier, weil nicht mehr klassenhafter Ordnung.*[176]

SUBJEKT–OBJEKT

Zwar gibt es seit Platon und den Neuplatonikern, dann wieder seit Nicolaus Cusanus eine dialektische Tradition in der Philosophiegeschichte. Doch meist bleibt dialektisches Verfahren (vom späten Platon abgesehen) methodologisch unreflektiert. Kant hat gar die Dialektik als die «Logik des Scheins» in der «Kritik der reinen Vernunft» abgewertet und damit die realdialektischen Ansätze der neueren Philosophie, wie sie sich in den spekulativen Systemen des 17. Jahrhunderts herauszubilden begann, in Verruf gebracht. So blieb als einzige ausdrücklich dialektische Tradition die spätplatonische Begriffsdialektik wirksam, und an sie hat dann auch Hegel angeknüpft. Mit Hegel und seinem platonischen Erbe muß sich also auseinandersetzen, wer heute dialektisch philosophiert. Bloch hat das in seinen unter dem Titel *Subjekt–Objekt* stehenden *Erläuterungen zu Hegel* getan. *Hegels Werk glaubt zwar am Ende zu sein, doch das war ideologischer Schein. Die Welt geht weiter, in Mühe*

Georg Wilhelm Friedrich Hegel. Gemälde von Jakob Schlesinger

und Hoffnung weiter, mit ihr auch das Hegelsche Licht. Jeder große Gedanke blickt, indem er auf der Höhe seiner Zeit steht, auch in die nächste, ja gegebenenfalls in das ganze menschliche Zeitanliegen hinein. Er enthält Fortbetreffendes, ein Unerledigtes in seiner wesenhaften Frage, ein Unabgegoltenes in deren versuchter Lösung. Und rücksichtlich Hegels, eines Lehrers von Marx: es gibt wenig Vergangenheit, die so problemhaltig wie seine uns noch aus der Zukunft entgegenkäme. Wer beim Studium der historischmaterialistischen Dialektik Hegel ausläßt, hat keine Aussicht, den historisch-dialektischen Materialismus voll zu erobern.[177]

Es ist also nicht beliebig oder nur der Ausdruck einer Vorliebe, daß Hegel

Ernst Bloch. Federzeichnung von Eva Schwimmer

der einzige Philosoph ist, dem Bloch eine monographische Darstellung gewidmet hat. Hegel ist das Schicksal der Philosophie, an ihm hat sich zu messen, was Philosophie sein kann. Auch und gerade nach Marx, der sich ja nicht als irgend ein Anderer zu Hegel verhält, sondern ihn präzis «vom Kopf auf die Füße stellte». *Der Dialektiker Hegel ließ durch die Idee geschehen, was einzig durch Körper und Menschen geschah, doch oft ließ er auch in der Idee nur reflektieren, was sich in konkreten Daseinsverhältnissen zutrug . . . Aber Dialektik als reeller Prozeß wird nach Wegfall des idealistischen Scheins erst recht sichtbar; sie ist das Bewegungsgesetz der Materie. Das wirkliche Totum und sein wirklich durchgängiges Substrat wird nun gleichfalls erst recht sichtbar: als dialektische, als prozessuale, offen gehaltene Materie.*[178]

Diese Umkehrung pointiert, wo Hegel lebendig bleibt, sie stellt aber auch fest, wo die «Flüssigkeit der Begriffe» bei ihm wieder erstarrt. Gerade weil Hegels Philosophie das Musterbeispiel aller enzyklopädisch welthaft gewordenen Dialektik ist, muß eine dialektische Philosophie, die über ihn hinausgehen will, indem sie sich Hegel aneignet, zugleich die Sperre sichtbar machen, die Hegel vor dem nach vorn unendlich Offenen errichtet. Wer sein philosophisches System als einen Kreis aus Kreisen konstruiert, kommt am Ende immer wieder zum Anfang zurück. Und wie ausgewickelt der keimhafte Anfang am Ende auch sein mag, es kommt darin nichts vor, was nicht am Anfang schon angelegt gewesen war. Bloch erkennt in dieser Grundgestalt der Hegelschen Philosophie die alte platonische Anamnesis, derzufolge jede Entwicklung von Neuem nur eine Wiederentdeckung von Ewigem ist, so daß der Weltprozeß nur im Kreise zum Gleichen zurückführt. Auch Hegel hat ja den Terminus «Er-innerung», in dem zugleich anklingt, daß hier die Welt ins Innere, in den Geist aufgenommen wird. Der Kernsatz der Hegelschen Philosophie, den Bloch am Beginn seines Buches erläutert, mag bei aller Dialektik als statisch gelten: Erkenne dich selbst, der Spruch des delphischen Orakels, das die Zukunft im Vorwissen schon zustellte.

Subjekt–Objekt wurde das erste Buch Blochs, das nach dem Kriege in Deutschland erschien – 1951 im Aufbau-Verlag in Berlin; und es blieb noch weitere drei Jahre (bis 1954 der erste Band von *Prinzip Hoffnung* folgte) das einzige Buch, das von dem Denken des damals bedeutendsten an einer deutschen Universität lehrenden Philosophen zeugte. Drei größere Besprechungen blieben die einzige publizistische Resonanz.[179]

BLOCH UND MARX

An Hegel stellt sich die Dialektik dar, als Denkform, die aus der Bewegung eines Inhalts entspringt. Konkret wird sie, wenn sie mit einer Tendenz verschmilzt, die scharf und genau ein Zukünftiges und Wünschbares im Ziel hat. Friedrich Engels hat gezeigt, wie im marxistischen Sozialismus die Utopie zur Wissenschaft wird und Wissenschaft, gemäß der 11. Feuerbach-These von Marx, die Bloch als das Losungswort bezeichnet[180], die Anleitung zum richtigen Handeln wird. Rechte Theorie hebt sich auf in Weltveränderung. Zur konkret gewordenen Wissenschaft gehört dann auch jene Emotionalität, die nötig ist, damit Erkennen in Praxis umschlägt. Einsatz kommt nie allein aus dem Wissen, sondern wurzelt im Wollen. Wissen kann wohl das Wollen recht leiten, Wollen das Wissen nachhaltig verwirklichen. In Bloch ist das Pathos der Weltverbesserung, die revolutionäre Leidenschaft vor aller Theorie schon lebendig gewesen, und sie durchwirkt alle Theorie, die sich als Instrument versteht, den utopischen Zustand heraufzuführen. Gerade die vom Marxismus geforderte und verwirklichte Einheit von Theorie und Praxis mußte dem messianischen Impetus des jungen Bloch entsprechen und ihn auf eine Philosophie führen, die die Weltveränderung zu ihrem Inhalt und Programm erhebt und sie als Klassenkampf auf die Tagesordnung setzt. So ist die Perspektive auf Marx und den Marxismus, auf den proletarischen Klassenkampf und die Weltbewegung des Kommunismus von der Philosophie Blochs nicht abzulösen, wie man auch die Besonderheit des Blochschen Denkens betonen mag. Für ihn ist der Marxismus die sich tätig begreifende Menschlichkeit. *Und die Menschlichkeit von Marx, die den Geringsten von seinen Brüdern zugewandte, bewährt sich darin, eben die Geringheit, die entstandene Nullität der meisten seiner Brüder aus dem Fundament zu begreifen, um sie so aus dem Fundament zu beheben. Der Nullpunkt äußerster Entfremdung, wie das Proletariat ihn darstellt, wird nun zur dialekti-*

Karikatur von A. Wiemers, 1962

Karl Marx

schen Umschlagstelle letzthin; gerade im Nichts dieses Nullpunkts lehrt *Marx unser All zu finden. Entfremdung also, Entmenschlichung, Verdingli- chung, dies Zur-Ware-Werden aller Menschen und Dinge, wie es der Kapita- lismus in steigendem Maße gebracht hat: das ist bei Marx der alte Feind, der im Kapitalismus, als Kapitalismus schließlich siegte wie nie zuvor. Indem der Marxismus überhaupt nichts anderes ist als Kampf gegen die kapitalistisch kulminierende Entmenschlichung bis zu ihrer völligen Aufhebung, ergibt sich auch e contrario, daß echter Marxismus seinem Antrieb wie Klassen- kampf wie Zielinhalt nach nichts anderes ist, sein kann, sein wird als Beförderung der Menschlichkeit.*[181]

Das Prinzip Hoffnung muß sich öffnen in den Raum der politischen Verwirklichung, wo alles ideologische Hinterland nur den Nachschub bereit-

ERNST BLOCH
Freiheit und Ordnung

AURORA VERLAG / NEW·YORK

stellt für die Front, an der das Novum erkämpft, der Umsturz vollzogen wird. Ist auch der Ausblick religionsphilosophisch getönt, so steht am Ende des Werks doch nicht ein eschatologischer, auf ein jenseitiges Reich Gottes verweisender Gedanke, sondern der humane Aspekt des Marxismus, der die Entfremdung des Menschen aufheben will, damit der Mensch er selbst werde: aus der ihn entstellenden Unmenschlichkeit soll er herauswachsen in eine bis heute noch nie voll ausgelebte, ja nicht einmal bestimmbare Menschlichkeit. Freiheit steht am Ende als das Ziel, auf das die Hoffnung gerichtet ist. Aber nicht eine leere und propagandistisch zu mißbrauchende Vorstellung von Freiheit, sondern eine konkrete, die Schritt für Schritt erreichbar ist: Freiheit von Not und von Furcht, Freiheit zur Entfaltung der eigenen Anlagen und Möglichkeiten, Freiheit der nicht vereitelten Solidarität mit den Mitmenschen. *Das sind nicht mehr die Freiheiten, die der Liberalismus postuliert hatte, doch was am Liberalismus ehrlich und Erbe der bürgerlichen Aufstiegszeit war, ist in diesen Freiheiten aufbewahrt. Freiheit ist diesen letzten Sinns der Modus des menschlichen Verhaltens gegenüber dem Fernziel des weitesten Mit-sich-im-Reinen-Seins, des allversammelnden Sich-Umschlingens der Millionen, der überall latenten und reichen Identität . . . als utopisch-reale Grenzkategorie den abstandslosen Zusammenfall von Erscheinung und Wesen, also dessen, was alles Seiende in der Wahrheit und*

*Wirklichkeit seines Überhaupt, seines Eigentlichen und Wesentlichen wäre,
bedeutend.*[182] Auch nach marxistischer Lehre steht das Reich der Freiheit erst
am Ende, doch nicht der Zeiten, sondern unserer Epoche, die den Kommunismus hervorbringt. Freiheit liegt nicht in der Ferne, und auch nicht bloß
innen, sondern ist, wenn auch in gradueller allmählicher Annäherung, reali-
sierbar. Das ist der letzte Sinn von Blochs Werk insgesamt: das Reich der
Freiheit, in dem Freiheit und Ordnung identisch werden. *Die Ordnung
zuletzt, die in allen bisherigen Klassengesellschaften nur der Libertät der
Fürsten und Herren, nicht der Freiheit des Volks dienliche, ist sozialistisch,
gar kommunistisch der gebaute Raum um die Freiheit in Solidarität. Die
bürgerliche Gesellschaft sieht im Nebenmenschen nur die Schranke der
eigenen Kräfte, der individuellen Freiheiten; also muß selbst noch innerhalb
ihrer herrschenden Klasse, wie gar erst gegen das Volk Ordnung repressiv
auftreten. Die klassenlose Gesellschaft dagegen sieht im Nebenmenschen die
Garantie der eigenen Freiheit; wonach eben der Mensch, wie Marx sagt,
seine eigenen Kräfte als gesellschaftliche Kräfte erkennt und organisiert . . .
Wirkliche Freiheit und wirkliche Ordnung sind folglich so wenig einander
entgegengesetzt, daß sie vielmehr korrelativ aufeinander hinweisen. Und
dieses Korrelative macht zugleich, daß ein Reichshaftes um die Freiheit
kommt und bleibt, auch wenn, ja gerade wenn das Staatshafte verschwunden
ist.*[183]

LEHRTÄTIGKEIT

1948, im Zuge des antifaschistischen Wiederaufbaus der deutschen Universitäten (der zu diesem Zeitpunkt in den westlichen Besatzungszonen schon von einer Restauration der traditionellen Hochschulverfassung und des 1945 gegebenen personellen Bestandes durchkreuzt wurde), erhielt Bloch einen Ruf nach Leipzig. Für ihn war es selbstverständlich, sich dem Aufbau des Sozialismus zur Verfügung zu stellen. 1949, als er in Leipzig ankam und sofort seine Vorlesungstätigkeit aufnahm, war er schon 64 Jahre alt, ein Alter, in dem andere sich gerade emeritieren lassen. Für ihn begann hingegen zum erstenmal die Zeit eines Lehramts, das Erlebnis der Wirkung auf Schüler, der Aufbau eines philosophischen Instituts und Studiengangs; ein neuer und wichtiger Lebensabschnitt, in den Bloch mit einer jugendlichen Energie eintrat, die die der meisten seiner jüngeren Mitarbeiter bei weitem überflügelte.

Seine Antrittsvorlesung, zu der viele seiner bürgerlichen Kollegen demonstrativ nicht erschienen[184], gab einen neuen Ton an.

Liebe Kommilitonen, wir selber sind uns darin einig, nicht mehr freiwillig blind zu sein. Wir wollen die Zeit, worin wir leben, tätig begreifen. Aufgeschlossen für sie und ihre einzigartige Bewegung, mitverantwortlich dafür, daß die Bewegung nicht stockt . . . Ein Meer begrenzter Möglichkeiten liegt vor uns; nötig ist ein lernendes Vertrauen zu denen, die die Seekarte kennen. Um sich dadurch selber zu dieser Kenntnis wachsend instand zu setzen. Die vorzüglichsten Mittel dazu sind Ökonomie und Philosophie, dialektisch-materialistische Philosophie. Letztere zu lehren und zu befördern, auf hiesiger Universität eines neuen Mittelpunkts, ist meines Amts. Es ist das Amt dieser Philosophie, immer weitere und tiefere Gebiete des Daseins mit ihr zu durchdringen. Es ist ihre Aufgabe, das gesamte Kulturerbe wachsend anzutreten und, im Unterschied zum Historismus, aktiv lebendig zu halten. Es ist ihr Anspruch und Postulat, den Satz bewähren zu können: wer der Wahrheit nach will, muß in das mit Marx eröffnete Reich; es gibt sonst keine Wahrheit mehr, es gibt keine andere.[185]

Zum erstenmal erprobt Bloch es nun in seinen großen Vorlesungszyklen zur Geschichte der Philosophie, umfangreiche Gedankenkomplexe in freiem Vortrag zu bewältigen – und das ist etwas anderes als der Charme und die Kraft des Gesprächs, von der Ludwig Marcuse aus früherer Zeit berichtete: «Er brach aus jeder korrekten Debatte aus und rhapsodierte einige Seiten der ‹Phänomenologie›, als sei sie eine lockere Arie, zu welcher der Sänger allerdings auch sehr sentimentale Beziehungen habe. Er sprach wie gedruckt, aber nicht papieren; der Druck war nicht drückend, sondern berückend.»[186] Nun waren es nicht Aphorismen und Arien, sondern die Entwicklung systematischer Zusammenhänge und die Verknüpfung theoretischer Positionen, die im Fluß des Sprechers vollzogen wurden und überzeugen mußten. Die Wirkung Blochs als Redner hat Hans Mayer geschildert: «Man erlebte den Prozeß lebendigen Denkens – und jede Sprachsphäre, eine jegliche Anspielung war gerechtfertigt, die mitzuhelfen imstande war, das Denken in Hauptworten in einen dialogischen Denkvorgang zu verwandeln. Auch diese Eigen-

Leipzig: die Universität, um 1930

art des Redners Ernst Bloch, der unvermittelt dichterische Visionen neben bereitwillig zitierte Schlagworte aus dem Alltag, griechische Zitate aus Plotin neben einen philosophisch durchleuchteten Schlagertext zu stellen pflegt, hängt sowohl mit dem Expressionismus zusammen wie mit Hegels Sprachform, die gleichfalls, was Bloch mit Freude konstatiert, immer wieder auf volkstümliche Redewendungen zurückzugreifen pflegt.»[187]

Neben den Vorlesungen gab es Seminare und vor allem die persönlichen Gespräche mit den Studenten. In ihnen blieb die Atmosphäre des Literarischen erhalten, Philosophie ein Jahrmarkt, auf dem die Welt tausendfältig und bunt sich als Schein verkauft. Gerhard Zwerenz, in jenen Jahren Philosophiestudent in Leipzig, beschreibt die verwirrende Wirkung «des Alten» (wie er Bloch ehrfurchtsvoll-respektlos zu nennen pflegte): «Was ich an Bloch bewunderte, was mich fesselte und faszinierte, ärgerte mich zugleich, ja manchmal entsetzte es mich. Dieser Mann schien geradezu alles zu wissen, er war ein wandelndes Lexikon und viel mehr als das, ein Lexikon gibt die feststehende, immer gleiche Antwort, befragt man es. Bloch variierte, dies wies ihn als wirklichen Weisen aus. Er berücksichtigte in seinen Antworten und Vorträgen, und seine Antworten wuchsen sich jeweils zu Vorträgen aus, den Fragesteller, die Zeit und Umstände, in denen gefragt wurde, hinzu kamen seine eigene persönliche Interessenlage, Stimmung, was eine gewisse, nie vorauszusehende Unberechenbarkeit ergab, gerade dies wiederum machte seine Rede noch lebendiger. Man war vor Überraschungen nie sicher.

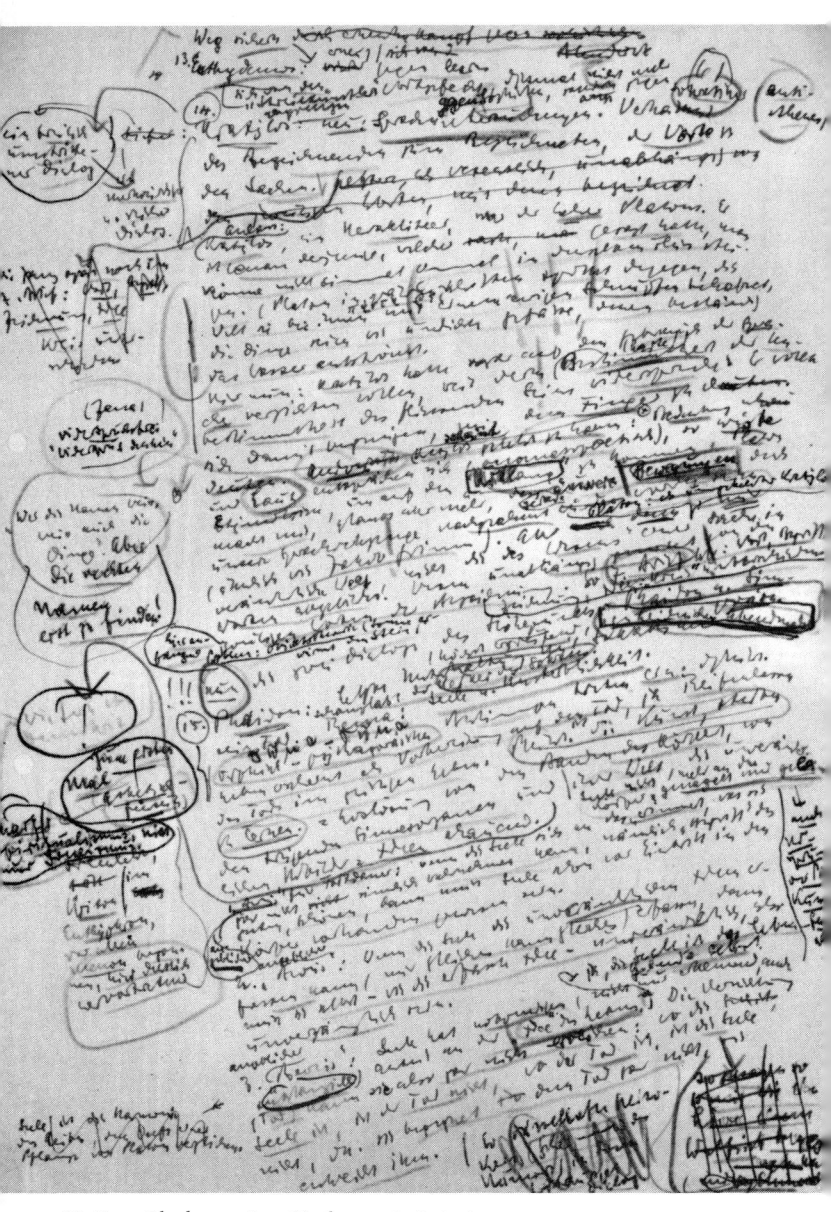

Notizen Blochs zu einer Vorlesung in Leipzig

Nichts befeuert unser Inneres mehr als die feine Wahrnehmung der sich ankündigenden Unberechenbarkeit.»[188]

In jener Zeit wurde Bloch, der singuläre und zum mühevollen Alltag des Aufbaus der DDR wohl disparate Philosoph, von seinen Schülern zum bewunderten, aber auch entfernten Weisen stilisiert; des Zwerenz Autobiographie zeugt davon. Dies zurechtzurücken, von der Person zur Sache hin, scheint der Essay *Über den Begriff Weisheit*, den Bloch 1951 für die Zeitschrift «Sinn und Form» schrieb. Gegen den Archetyp Nestor, voll von Erfahrungen, setzt Bloch einen neuen Sinn. *Jedoch in jeder reißenden Bewegung hört das Statische dieser Erfahrenheit sinngemäß auf; es findet am Novum seine Grenze. Und dieses Novum wird nicht durch individuelle Erfahrenheit gemeistert oder mindestens nicht durch sie allein, sondern durch eine Kenntnis historisch-dialektischer Gesetzmäßigkeiten, die sich statt der kurzen eigenen Lebensjahre dreitausend begriffene, tendenzhaft offen gehaltene Geschichtsjahre zuschlägt und mit ihnen gerade in die Zukunft fährt . . . Item, Weisheit ist Marxismus geworden, sie gewinnt mit ihm endlich öffentlich-tätige Funktion . . . Dazu tritt in dieser Weisheit ein Zug hervor, der als neuer hier ausgezeichnet werden muß: der Zug der Parteilichkeit. Denn Parteilichkeit ist nicht nur Interesse und sozialer Auftrag (ohne den noch nie ein Gedanke gedacht worden ist), sie ist vor allem auch Bezogenheit auf ein Ziel . . . Das marxistische Zielanliegen ist zunächst die Herstellung der Bedingungen zum Sieg der Arbeiterklasse, sodann die sozialistische, sodann die kommunistische Ordnung der Gesellschaft zu einem Reich der Freiheit. Keine Verbindung kann also enger sein als die der marxistischen Parteilichkeit mit dem Reich der Freiheit, als dem marxistisch höchsten Gut, und keine kann gerade der Weisheit, der präzis gewordenen, präziser entsprechen.*[189] Das ist die Weisheit, die nicht in der Zurückgezogenheit und aus dem Abstand ihr Urteil abgibt, sondern sich in der äußersten Dynamik selbst bewährt und in Übereinstimmung mit der geschichtlichen Sache ihr Kriterium besitzt und daran überprüft werden kann und muß.

Solcherart sind die lenkenden Eingriffe Blochs in die Bewußtseinsbildung junger Menschen, die allzuschnell geneigt waren, in dem großen, blendenden «Alten» eine Autorität zu sehen. Autorität ja (wie Weisheit sie verleiht), aber nur soweit sie vor der prüfenden Vernunft und der engagierten Parteilichkeit bestehen kann (ohne die es keine Weisheit gibt). Zeichnet Zwerenz das Vexierbild eines Denkers, für den alles und zumal sein eigenes Denken in Fluß ist, so setzt Bloch hier den Pegel, an dessen Maßstab der Wasserstand des Flusses abgelesen werden kann.

Pegel und Fluß in einem zu sein – das war die neue Aufgabe, die sich dem Philosophie lehrenden Denker stellen mußte. Aus der Zeit der Expressionismus-Debatte, die der Niederschrift der Hauptwerke unmittelbar vorausging, haben wir Blochs Votum gegen einen hegelisch-totalisierenden Wirklichkeitsbegriff bei Lukács kennengelernt. Inzwischen hatte sich ihm sein eigenes Weltverständnis nun in einer um ein Zentrum enzyklopädisch geordneten Totalität der Weltinhalte gegliedert. Intermittierend, facettierend in der mündlichen Darstellung, war es in den großen, noch nicht oder erst teilweise veröffentlichten Schriften als konsistente Gedankenmasse ausgebreitet. Ernst Blochs Verhältnis zum System war ein anderes geworden als zur Zeit des *Geist der Utopie*, der *Erbschaft dieser Zeit*. In der leidenschaftlichen, an

Hegel anknüpfenden Programmrede von 1956 kommt ein gewandeltes Verhältnis zur Systematik zu Wort. *Gibt es nicht auch am Systematischen Hegels ein Mächtiges, das auf die Füße zu stellen ist? Ohnehin liegt es allem großen Bilden von frühauf nahe, ein ebenso Ordnendes zu sein. Selbst jeder bloße Einfall weist hier in sich schon auf die Stelle, wohin er als dargestellt gehört. Er hört dadurch auf, ein bloßer Einfall oder ein isolierter Farbfleck oder sonst ein wenig verantwortliches Vielerlei zu sein. Erst recht zeigen philosophische Gedanken von Rang implicite ihren Platz in einer Baukunst und verlangen diese . . . Gemeinsam bleibt allen diesen Bildungen die Einheit, der Bezug auf einen ordo rerum, bei noch so weitläufiger Mannigfaltigkeit besonderer, selbst einzelner Inhalte. Es bleibt das Locierte und Zentrierte, wohin sich auch noch alle Nebenschriften mit ihren Inhalten, ja alle noch so abseitig auftretenden Gedanken eines rechten Philosophen einfügen.*[190]
Hier spricht Bloch zweifellos von sich selbst. Wohl heißt es noch: *Die Welt ist nicht als fertige Abgeschlossenheit darstellbar, unter Weglassung ihrer Zukunft, ihrer offenen Möglichkeiten, ihres Experiment-, ja vorliegenden Fragmentcharakters.*[191] Dann aber um so mächtiger: «*Omnia ubique*» *oder* «*Totum relucet in omnibus*», *sagt Nikolaus von Cusa und meinte damit die Widerspiegelung, Repräsentation des Insgesamt in allem: das umfassend Systematische wird also nicht schon durch bloße Schichtendarstellung, gar nur Schichtenarrangierung seiner Stoffe erreicht, es muß diesem «Omnia ubique» in prozeßhafter Breite durchtönend gerecht werden, wo nicht in antizipierender Tiefe dazu. Systematisches bleibt philosophisch unerläßlich. Nur muß es marxistisch umfunktioniert werden, als Zweites außer der Hegelschen Dialektik, das auf die Füße zu stellen ist. Also im Gang auf materiellem Boden und im schlechthin noch Offenen seines tendenzhaft-materiellen Wegs darzustellen ist. Gerade in Verehrung für den Systemgedanken selber, dessen letzter, riesiger Zeuge Hegel ist, erhebt sich so das Problem eines nicht-geschlossenen, sondern offenen Systems der Welt. Darin ist die Welt wahrheitsgemäß ebenso ein im Gang befindliches unabgeschlossenes Experiment wie das – im offenen System abgebildete – Totum, das in der Experimentwelt im Schwange befindlich ist und auf das sie überall tendiert. Wobei jedoch dieses Totum, obwohl in omnibus relucens, noch nirgends fertig gegeben ist, sondern in ungeheurer Schwebe seiner Verwirklichung, Manifestierung sich befindet, – als ein allemal utopisches Totum (des nicht nur Zusammenhang-seins, sondern letzthinnigen Fürsichseins).*[192] Nun erst ist der romantisch-expressionistische Fragmentarismus völlig aufgehoben – in der Konzeption des offenen Systems.[193]

RUHM UND ANFEINDUNGEN

Schnell verbreitete sich der Ruhm Blochs, besonders unter der jungen Generation. *Geist der Utopie*, auch *Erbschaft dieser Zeit* kannte zwar von den Studenten der Nachkriegszeit keiner mehr. Wohl aber war einigen *Freiheit und Ordnung* in die Hand gekommen, der Abriß der Sozialutopien, der als Vorabdruck aus dem *Prinzip Hoffnung* in dem von Emigranten unter Blochs Beteiligung gegründeten Aurora-Verlag (New York) 1946 erschienen war. Nun kamen seit 1951 *Subjekt–Objekt* hinzu, die Abdrucke von Kapitel aus den Hauptwerken in «Sinn und Form» und der «Deutschen Zeitschrift für Philosophie», die 1953 mit Bloch als Mitherausgeber und Wolfgang Harich als leitendem Redakteur gegründet worden war, und vor allem die Leipziger Vorlesungen. Um 1950 gab es ja noch ein Hin- und Herreisen von Studentengruppen und Delegationen zu gesamtdeutschen Treffen und Tagungen. 1950 beim Deutschland-Treffen der FDJ, 1951 bei den Weltjugendfestspielen, beide in Berlin, berichteten die Studenten aus der DDR ihren bundesrepublikanischen Kommilitonen von dem Philosophen, der die Leipziger Universitätsszene dominierte.

Gegen Ende des Sommersemesters 1949 fanden in Leipzig, aus Anlaß des 200. Geburtstages Goethes, die «Goethe-Tage der deutschen Studentenschaft» statt, zu der fast alle deutschen Universitäten Delegationen entsandt hatten. Auf Einladung des damals in Leipzig lehrenden Germanisten Hans Mayer fuhr auch Hans Heinz Holz, der zu jener Zeit in Mainz studierte, zu der Veranstaltung, und gleich am ersten Tage berichtete ihm Käthe Rülicke, die spätere Mitarbeiterin Brechts, von den Vorlesungen Blochs. Holz nahm an einer Stunde im überfüllten Hörsaal teil und schickte, tief beeindruckt, Bloch ein Manuskript über «ontologische Grundlegungsprobleme der Ästhetik». Innerhalb weniger Tage bekam er, inzwischen nach Berlin weitergereist, den Aufsatz mit erhellenden Randbemerkungen zurück. Er entschloß sich, noch einmal nach Leipzig zurückzufahren, um Bloch zu besuchen. Es wurde ein Gespräch daraus, das nach dem Abendessen begann und morgens gegen 5 Uhr endete. Das war, im Sommer 1949, kurz nach Blochs Ankunft in Leipzig, der Anfang einer wissenschaftlichen und freundschaftlichen Beziehung, von der Holz, im Nachwort zu seiner Bloch-Monographie, schreibt: «So gehen mehr als fünfundzwanzig Jahre freundschaftliche Verbundenheit in dieses Buch ein – ein Vierteljahrhundert, in dem die Beziehung zu Bloch mich glücklich und dankbar gemacht hat.»[194] Seit 1954 bemühte sich Bloch, Holz nach Leipzig zu holen, um ihn dort später habilitieren zu können; der Plan scheiterte lange an den bürokratischen Schwierigkeiten, die das Staatssekretariat für Hochschulwesen der Übersiedlung eines Westdeutschen entgegensetzte und schließlich endgültig nach der nun endlich erteilten Genehmigung des Staatssekretariats und der Promotion Holz' durch Bloch 1956, als Bloch Anfang 1957 emeritiert und sein Kreis in alle Winde zerstreut wurde.[195]

In Westdeutschland herrschten gegen den marxistischen Philosophen, dessen Denken und Leben so gar nicht dem Bild eines deutschen Hochschullehrers entsprachen, Abneigung und Ressentiments. Daß seine Publikationen in den Fachorganen nicht besprochen werden konnten, wurde schon erwähnt.[196] Als bei der Tagung der (damals noch gesamtdeutschen) Allgemeinen Gesellschaft für Philosophie in Deutschland in Bremen 1951 Holz den Vorschlag machte, Bloch in den Vorstand zu wählen, erhob deren Präsident, Theodor Litt, Einspruch mit der Begründung, Bloch sei ein sowjetischer Agent, der seine Schüler an den Geheimdienst verrate! Dieses unsinnige Gerücht hat sich übrigens lange gehalten.

In den Leipziger Jahren gewann Bloch Schüler und Freunde, aber auch Feinde. Zu denen, die Blochs Position früh und erbittert bekämpften, gehörte sein Leipziger Kollege Rugard Otto Gropp, der eine Professur für dialektischen Materialismus innehatte. Gropp hatte nach jahrelanger Haft in Konzentrationslagern sein Amt als schwerkranker Mann angetreten und rieb sich

Hans Heinz Holz

physisch in seiner Hochschullehrertätigkeit auf. Er war, als Mitglied der SED und ausdrücklicher Vertreter des Marxismus an der Universität, sozusagen der Hüter der «reinen Lehre», verstand sich jedenfalls als solcher und mußte sich gegen den weit überlegenen, körperlich kraftstrotzenden älteren Bloch und dessen nicht gerade orthodoxen Marxismus behaupten. Er fühlte sich berufen, die Studenten vor den ideologischen Irrwegen zu bewahren, auf die sie der Geist der Utopie verlocken könnte. Redlich, aber überfordert suchte er die Auseinandersetzung.

Unglücklicherweise wählte er den Hegelianismus als Schlachtfeld. In einer langen und langfädigen Abhandlung «Die marxistische dialektische Methode und ihr Gegensatz zur idealistischen Dialektik Hegels», die sich über zwei Nummern der «Deutschen Zeitschrift für Philosophie» zog, griff er rundum alle Hegel-Interpreten an, die sich im Umkreis des Marxismus zu Wort gemeldet hatten: den biederen, soliden und exakten französischen Altkommunisten und Marx-Biographen Auguste Cornu, den Nationalökonomen Fritz Behrens, Georg Lukács und natürlich Ernst Bloch. Die Schwäche der Groppschen Argumentation ergibt sich aus seinem Ausgangspunkt, der Trennung von Theorie und Methode, von materialistischem Inhalt der Theorie und dialektischer Methode: «In bezug auf die Wissenschaften ist der Materialismus das allgemeine weltanschauliche Fundament und die dialektische Methode die allgemeinste und höchste Methode. Nach materialistischer Auffassung ist im Verhältnis von Theorie und Methode die Theorie das Bestimmende, die Methode das Abhängige. Die Theorie bildet die Grundlage der Methode. Der Materialismus ist die Grundlage der wissenschaftlichen dialektischen Methode.»[197] Dagegen hatte Bloch leicht erwidern (und er tat es nicht direkt, sondern später in seiner Hegel-Gedenkrede 1956). Die Trennung sei nicht haltbar, *sie ist es an Hegel selber nicht, weil Methode als Form der Begriffsbewegung bei ihm überhaupt nicht isoliert vom Inhalt dieser Begriffsbewegung vorkommen kann. Weshalb hier das Dialektische nie separiert vorkommen kann, sondern ausschließlich in den zahllosen Inhaltsbeziehungen des Systems dargestellt wird. Wegen des gleichen wechselseitigen Reflexionsbezugs von Form und Inhalt gibt es ja bei Hegel auch keine eigene Erkenntnistheorie: der konkrete Denker will das Schwimmen durchaus nicht lernen, gar lehren, bevor der Schwimmer ins Wasser geht, im Wasser ist.*[198] Nun hatte Gropp diese Einteilung in Theorie und Methode (so als ob diese voneinander abzusondern seien) nicht gar so dichotomisch gemeint; aber wie er es wendete, er brachte seine Sache unglücklich heraus, unscharf formuliert, allzu einfach gedacht. Mit dem Fazit: «Während Georg Lukács in seinem Hegelbuch die Tendenz vertritt, möglichst viel Marxismus schon in die Philosophie Hegels hineinzudeuten, unter Abschwächung des Gegensatzes von Idealismus und Materialismus, so findet man bei Ernst Bloch das umgekehrte Bestreben, möglichst viel Hegelsches Erbe in den Marxismus hinüberzunehmen.»[199] Über diese Abhandlung Gropps eine Diskussion zu eröffnen, hieß, ihn in ein offenes Messer laufen zu lassen. Auguste Cornu erwidert, bei Gropp «wird Hegel zum reaktionären Idealisten gestempelt, und es bleibt unverständlich, worin er sich von Schelling unterscheidet und warum die Junghegelianer, und mit ihnen Marx, sich an ihn und nicht an Schelling gehalten haben»[200]. Fritz Behrens reagierte ironisch und überlegen: «Walter Ulbricht stellte im Rechenschaftsbericht des Zentralkomitees der SED an den IV. Parteitag fest, daß rückständige Auffassungen von Kritik und Selbstkritik bei uns ein Hindernis für die Entfaltung des Meinungskampfs seien, und fügte hinzu, daß solchen Auffassungen ‹allerdings durch unsachliche Formen der Kritik verschiedentlich Vorschub geleistet wurde›. Solche unsachlichen Formen der Kritik gibt es in der verschiedensten Art. Gemeinsam ist ihnen der Dogmatismus, das Sektierertum, die Angst vor neuen Gedanken oder die Unfähigkeit, sie zu begreifen – Tendenzen, die man in der Regel durch sogenannte Prinzipienreiterei zu verhüllen versucht . . . Ein Musterbeispiel eines solchen Diskussionsbeitrags gab uns Rugard Otto Gropp.»[201] Und weiter: «Ich bin allerdings der Ansicht, daß Marx ökomomische Auffassungen und Anschauungen übernommen hat, die er erst kritisch überwand und selbständig weiterbildete. Dieser Ansicht bin nicht nur ich, sondern – soweit mir bisher bekannt war – alle Marxisten. Ich nehme zur Kenntnis, daß Gropp eine andere Auffassung vertritt, und führe dies darauf zurück, daß er die ökonomische Literatur ungenügend studiert hat.»[202] Und er schließt: «Ich finde es sehr bedauerlich, daß unsere Philosophen, mit Ausnahme von Ernst Bloch, sich bemühen, unser nationales Erbe zu bearbeiten. Gropp ist seinem Eifer, ideologische Abweichungen zu entdecken, zum Opfer gefallen.»[203] Auch die folgenden Diskutanten weisen Gropps Attacke zurück. Einzig Wolfgang Schubardt, der schon *Subjekt–Objekt* in der

In Leipzig

«Einheit» kritisiert hatte, nimmt (ein Vorzeichen!) Gropps Stoßrichtung auf, obschon er dessen Argumentation nicht halten kann: «Was Rugard Otto Gropp bezweckt, kann nur begrüßt werden. Er will gegen Erscheinungen bei einigen Philosophen und philosophisch interessierten Wissenschaftlern der DDR Front machen, die darauf hinauslaufen, bei der notwendigen Erarbeitung eines richtigen Verhältnisses zu unserem nationalen Erbe auf philosophischem Gebiet – insbesondere der deutschen idealistischen Philosophie vom Ausgang des 18. und Anfang des 19. Jahrhunderts – in Konzessionen an den Idealismus abzugleiten und im Zusammenhang damit, den qualitativen Unterschied zwischen der marxistischen und der vormarxistischen Philosophie überhaupt zu verwischen . . . Ich schließe mich der Auffassung Gropps, daß solche Erscheinungen bei uns vorhanden sind, an, ohne jetzt selbst auf die Frage einzugehen, in welcher Hinsicht und in welchem Umfang das der Fall ist . . . Meiner Meinung nach ist aber die Plattform, von der aus der Autor an seine Untersuchung über das Verhältnis von Marx zu Hegel und an seine Kritik idealistischer Verfälschungen dieses Verhältnisses herangeht, nicht haltbar.»[204] Ernst Bloch konnte es sich sparen, in die Diskussion einzugreifen, die von ihm verfochtene Linie schien sich durchgesetzt zu haben.

So wurde sein 70. Geburtstag zum Höhepunkt seines Wirkens in der DDR. Ausgezeichnet mit dem Nationalpreis und dem Vaterländischen Verdienstorden, wurde er gleichsam als eine Art «Staatsphilosoph» der DDR gefeiert. Hans Heinz Holz gab die erste umfassende Würdigung der philosophischen Systemkonzeption Blochs in «Sinn und Form»[205]. Eine Festschrift erschien, die – als ein Zeichen des Waffenstillstands? – Rugard Otto Gropp herausgab und einleitete; einleitete mit den Worten: «Seit Beginn Ihres öffentlichen Wirkens ist Ihre Arbeit dem Kampf gegen die imperialistischen, militaristischen und antidemokratischen Kräfte gewidmet. Während der Nazibarbarei aus Deutschland vertrieben, haben Sie sich in der Emigration für eine Neugeburt unseres deutschen Vaterlandes, unserer deutschen Kultur eingesetzt. Nach Deutschland 1949 zurückgekehrt, stellten Sie Ihr reiches Wissen und Ihr lebendiges Denken in den Dienst unseres Aufbaus, unseres Ringens um die friedliche Wiedervereinigung Deutschlands und unseres Kampfes um die Erhaltung des Weltfriedens.»[206] Wissenschaftler vom Rang der Arthur Baumgarten, Auguste Cornu, Franz Dornseiff, Hans Heinz Holz, Georg Lukács, Walter Markov, Hans Mayer trugen unter anderen dazu bei. Niemand gedachte, den Siebzigjährigen daran zu erinnern, daß er das Emeritierungsalter schon überschritten hatte.

Ein halbes Jahr zuvor war Bloch zum ordentlichen Mitglied der Deutschen Akademie der Wissenschaften ernannt worden und hatte die Leitung der Sektion Philosophie übernommen. Im März 1956 berief er die Konferenz über «Das Problem der Freiheit im Lichte des wissenschaftlichen Sozialismus» ein.[207] Die Einheit von Philosophie und Politik hätte mit keinem anderen Thema klarer bekundet werden können. Es galt, den Begriff der Freiheit gegen den ideologischen Mißbrauch zu verteidigen, der mit ihm getrieben wird, und ihm einen geschichtsphilosophisch legitimen Sinn zu bewahren, nämlich die Aufhebung der Klassengesellschaft als der Gesellschaft von Herrscher und Knechtschaft. Jeder andere Freiheitsbegriff täuscht. *So ist zwar die Antreiberei aufs höchste gestiegen, aber es wird gesagt, man sei ein freier Mann. So wüten zwar die Kolonialherren in Kenia,*

Algier, Zypern, Südafrika und wo immer sonst, aber man spricht vom Selbstbestimmungsrecht der Völker und singt von der freien Welt. So blüht die Lynchjustiz in den amerikanischen Südstaaten, und die United Fruit Company samt allen ähnlichen Firmen und Banken ist nicht minder kein Feigenbaum, unter dem sich's ungeschreckt ruht, aber das gleiche Land verficht atlantische Freiheit. Wie recht hatte Thomas Mann, als er prophezeite, der Faschismus werde in und von Amerika unter dem Namen der Freiheit eingeführt werden. Und mit solcher Verkleidung wird gegen die echte Freiheitsbewegung dieser Zeit Reichstagsbrand gemacht, das ist, das eigene Verbrechen – von der Versklavung bis zur Aggression – der Sowjetunion zugeschrieben. Es paßt gut dazu, wenn eine Westberliner Mörderorganisation sich «Kampfgruppe gegen Unmenschlichkeit» nennt – alles im Namen der Freiheit und jener Menschlichkeit dazu, die die Schwester des Attentats ist . . . Ein Kennzeichen für jeden echten Freiheitswillen und seinen Begriff bleibt: Er kann sich, bei noch so kritischem Verhalten gegenüber gegebenenfalls irrigen Maßnahmen, nie gegen die Sowjetunion und ihr Anliegen richten. Denn dieses ist das Anliegen der menschlichen Befreiung selber, die endlich zum Zuge kommt.[208] Dies ist nicht einfach Agitation, wie man aus der Sicht einer wertneutralen Philosophie bürgerlicher Provenienz argwöhnen könnte. Vielmehr besagt dies: Das Anliegen des Sozialismus ist die Aufhebung der Entfremdung von Mensch und Natur, ist (nach einem Wort des jungen Marx, das Bloch oft wiederholt) «Humanisierung der Natur, Naturalisierung des Menschen», und zwar erst möglich nach der Aufhebung des Privateigentums an Produktionsmitteln, das den Eigennutz, den «alten Feind», hervorbringt und so auch die Zerstörung der Natur bewirkt. *Es kann nur anthropologisch von Freiheit gesprochen werden. Sie ist das Verhältnis von Menschen zu Menschen und zur Natur, mithin ist sie ohne einen starken Prozentsatz subjektiven Faktors überhaupt nicht vorhanden. Obwohl, ja weil die Freiheit eine gesellschaftliche Kategorie ist, ist sie originär und immer wieder originär eine anthropologische, eine des menschlichen Willens und schließlich der menschlich-intensiven Substanz. Ebenso weist jede Art von Naturbegriff, in dem das zum Menschen Disparate aufhört, zuhöchst der Begriff einer «Humanisierung der Natur», auf die Anthropologie der Freiheit zurück oder besser voraus. Und allemal, wohlverstanden, nie so, daß von einsamer Innerlichkeit, von Subjekt ohne Objekt die Rede ist. Konträr: wenn die Umstände menschlich gebildet werden, so daß sie nicht mehr als Fremdes, hier also: als Zwang gegenüberstehen, dann hören sie nicht als Objekt auf, sondern werden den Subjekten der Freiheit ihre objektiv-adäquate Umgebung, Ordnung und Heimat. Sie hören also nur als entfremdete Objekte auf, so wie das Subjekt als befreites in unentfremdete Umwelt eingeht.*[209]

Die Freiheitskonferenz mit ihren illustren Gästen war – nach dem privaten Höhepunkt des 70. Geburtstags – der akademische Höhepunkt von Blochs Tätigkeit. Hier schien es, als setze er Marksteine der Diskussion und der Problementwicklung.

Inzwischen hatte sich die ideologische Auseinandersetzung zwischen Parteiführung und Intellektuellen, gefördert durch die sogenannte «Entstalinisierung», in Polen und Ungarn bis zu einer Krise zugespitzt. Insbesondere der Petöfi-Klub in Budapest, dem auch Blochs Jugendfreund Lukács nahestand, blieb nicht ohne Einfluß auch in anderen sozialistischen Staaten. Enthüllungen über Verstöße gegen die sozialistische Gesetzlichkeit und die Abwendung vom «Personenkult» erschütterten das bisher feste und starre Gebäude der herrschenden Lehrmeinung, die führende Rolle der Partei wurde in Frage gestellt, kritische Diskussionen kamen in Gang. Der Verlauf war ambivalent, Bloch stellte es fest: *Die Gefahr bestand zwar durchaus (und ist unterdessen stellenweise akut geworden), daß mit den Liberalen auch mehrere Ratten der Reaktion aus ihren Löchern kriechen.* [210] Jedoch das Bedürfnis, die eingetretene Verunsicherung auf einem neu zu gewinnenden Boden zu überwinden, war stärker als die Furcht vor Konterrevolutionären. *Kritik hat nicht unbedingt den Ursprung, daß sich der Klassenfeind in die Auseinandersetzungen einmischt, darf also mit diesem Motiv nicht abgewürgt werden, besonders dann nicht, wenn es auch noch Selbstkritik der Regierungen ersparen soll . . . Die Belehrung durch den XX. Parteitag hat statt dessen Marxisten am Maß gebracht, das sich nun überall bewähren muß. Die Bewährung heißt im ganzen sozialistischen Lager innerparteiliche Demokratie mit endlich wieder forschender, belehrt-lehrender Theorie, und im Westen neue Volksfront dazu.* [211] Dabei lag Bloch die Stärkung der Theorie besonders am Herzen, das Aufsprengen von Dogmatismus und Schematismen, ein Flüssigwerden nicht nur der Diskussion, sondern der Gegenstände selbst. In seiner Analyse der Bedeutung des XX. Parteitags der KPdSU nennt Bloch die Abschaffung des Personenkults, die Freisetzung zu eigenen nationalen Wegen des Sozialismus und die Überwindung des Dogmatismus als hauptsächliche Stichworte und Aufgaben.

Die Entwicklung verschärfte sich bis zum Wechsel der Parteiführung zuerst in Polen, dann in Ungarn, mit den folgenden Wirren in Ungarn, die den Gegnern des Sozialismus, angeführt von Kardinal József Mindszenty, die Chance gaben, einen Staatsstreich zu versuchen. Die Initiative ging von den Reformkommunisten, denen sich Lukács zur Verfügung gestellt hatte, an die Gegenrevolutionäre über. Der Einmarsch sowjetischer Truppen beendete die bürgerkriegsähnlichen Kämpfe. Mit anderen Mitgliedern der Regierung Imre Nagy wurde Lukács ins bewachte Exil nach Rumänien gebracht (von wo er allerdings bald wieder in die Heimat zurückkehren durfte). Präsident Tito intervenierte mit einer Rede, die gegen die Wiederherstellung eines stalinistischen Parteikurses in Ungarn gerichtet war.

In diesen ereignisreichen Tagen fand am 14. November 1956 in der Berliner Universität die Gedenkfeier zum 125. Todestag Hegels statt. Bloch hielt die Festrede [212], in der es nicht nur um die Hegelsche Systematik ging, sondern auch um die aktuelle politische und kulturpolitische Situation. Viele Passagen stellten einen Angriff auf den bisherigen ideologischen Kurs der SED dar. Mit einer Anspielung auf die vorausgegangene Hegel-Diskussion setzte Bloch ein: *Heute sonderlich ist Hegelgedenken fällig, wo man im Begriff ist oder sein sollte, aus subalternem Schlendrian, erstarrten Positio-*

nen herauszutreten – der Sache treu, nun erst treu. Heraus aus der beliebten Enge, so leicht mit Ressentiment verbunden, heraus aus der lächerlichen, doch bedrohlichen Meinung, man könne die neunte Symphonie auf einem Kamm blasen. Heraus aus der mesquinen Sorge, daß Marx verkleinert würde, wenn Hegel groß bliebe: welch eine Hutmacher-Konkurrenz übertrug sich da.[213] Dann folgt die Ausdehnung des Themas auf die Lage der Wissenschaften überhaupt, die Forderung, daß wieder Welt in ihrer Fülle und zentralen Tiefe abzubilden versucht wird, nicht aber ein Stilleben aus vier bis fünf Lesefrüchten oder eine Schulmeisterei aus Sekte und vorwissenschaftlichem Katechismus. Uns helfen keine roten Oberlehrer fern vom Leben, keine Papier-Ästhetik fern von Kunst, kein Philosophieren fern von Philosophie. Zuerst muß zentrales Denken als solches wieder die Pflege finden, die ihm häufig fehlt . . . Also zuverlässig keine geklebte Wochenübersicht aus Schmaus auf anderen Tischen; sonst wäre ein Generaltotalisator, der sich ja ebenfalls als Maschine erfinden lassen dürfte, der beste Philosoph . . . Zweitens aber muß zentrales Denken gerade als geordnetes die Pflege finden, die von allem bloß Vorgeschnittenen befreit. Von der Not der schlechten, mindestens unzureichenden Einteilung unseres Stoffes in a) dialektischen, b) historischen Materialismus, wie bei einem Schulaufsatz. Beide Einteilungen sind gleichzeitig zu schmal in ihrer mißverständlichen Zweiheit, und sie sind zu weit, nämlich wieder im Sinn des allzu Allgemeinen, der Gesetzesfinderei, die so leicht sich verdinglicht. Zudem drängen im Maße, wie man die Schmalspur verläßt, neue Stoffe und Probleme an, neue (obzwar nur der Schmalspur neue) Disziplinen philosophierenden Rangs; sie dürften im Rahmen des Histomat Raummangel haben. An diesem Raummangel leidet eine so lange fehlende, obwohl dringendst notwendige, marxistische Anthropologie; an ihm leidet gleichfalls die so lange fehlende marxistische Ethik, Ästhetik, um von einer – nicht nur aus Unkenntnissen, Negationen und Weglassungen bestehenden – Religionsphilosophie zu schweigen.[214] Der berühmt gewordene Programmsatz der Rede klang wie eine Fanfare: Jetzt muß statt Mühle endlich Schach gespielt werden.[215]

Nach dem Vortrag trafen sich Freunde im Restaurant des Presseklubs in der Berliner Friedrichstraße; darunter Wolfgang Harich, der Präsident der Internationalen Hegel-Gesellschaft Wilhelm R. Beyer, Hans Heinz Holz. Harich hatte Exemplare der in der DDR noch nicht veröffentlichten Tito-Rede, aus der er weitgehende Konsequenzen zog, und er trug abenteuerliche Ideen für einen Regierungswechsel in der DDR vor (die alle für hektische Hirngespinste hielten). Bloch wies Harich scharf zurecht. Der Abend endete gespannt.

Wenige Tage darauf wurden Harich und einige seiner Freunde wegen eines in Absprache mit dem Ostbüro der SPD geplanten Umsturzversuchs verhaftet, Harich Anfang 1957 dann zu zehn Jahren Zuchthaus verurteilt. Auch einige Schüler Blochs gerieten in den Verdacht illegaler Tätigkeit. Die Gegner des Leipziger Instituts konnten nun ihren Angriff mit massiven politischen Vorwürfen erneuern. Zu Beginn des Jahres 1957 wurde Bloch, im 72. Lebensjahr, zwangsemeritiert. Er blieb Vorsitzender der Sektion Philosophie der Deutschen Akademie der Wissenschaften, mußte aber die Herausgeberschaft der «Deutschen Zeitschrift für Philosophie» abgeben. Das letzte von Harich vorbereitete Heft 5/6 des Jahrgangs 1956 wurde nicht ausgeliefert, das ver-

Wolfgang Harich, 1964

spätet erscheinende Ersatzheft mit einem Bericht Walter Ulbrichts an das 30. Plenum des ZK der SED eröffnet. Darin heißt es zu Harich: «Unter dem Einfluß des Petöfi-Kreises und einiger Bekannten aus Warschau sowie der Materialien über den ‹besonderen jugoslawischen Weg› hat Harich in Berlin eine konterrevolutionäre Gruppe organisiert. Die organisatorische Basis sollten der Aufbau-Verlag und die Zeitung ‹Sonntag› sein. Die politische Konzeption der Gruppe Harich hat für uns deshalb besonderes Interesse, weil Vertreter der SPD und verschiedener Agenturen daran mitgearbeitet haben. Die Vorschläge des Ostbüros der SPD zeigen die konterrevolutionäre Rolle dieser Agentur. In Übereinstimmung mit der Politik der Adenauer-Gruppe und der rechten sozialdemokratischen Führer fordert Harich die Beseitigung der Führung der SED und die Loslösung der Deutschen Demokratischen Republik von der Sowjetunion.»[216] Zu Bloch enthielt Ulbricht sich jeder eigenen Stellungnahme und zitierte nur die örtlichen Instanzen: «In dem Brief der Parteileitung der SED des Instituts für Philosophie an der ‹Karl-Marx-Universität› in Leipzig an Herrn Professor Bloch wird richtig gesagt, daß an der Universität keine allgemeinverbindliche Verpflichtung zur Anerkennung der marxistisch-leninistischen Weltanschauung besteht. Die Mitglieder der SED allerdings sind mit ihrem Eintritt in die Partei eine solche Verpflichtung eingegangen. Die Professoren haben die Wahl, marxistische

Prinzipien zu ihren eigenen zu machen oder auch nicht. Wir können ihnen hingegen aber nicht zubilligen, nicht-marxistische Prinzipien zu vertreten und gleichwohl den Anspruch zu erheben, marxistische Philosophie zu lehren. Ein solches Privileg mußte zur Desorientierung innerhalb der Studentenschaft führen und seine schädlichen Auswirkungen auf die Ausbreitung und Vertiefung des Marxismus-Leninismus überhaupt haben.»[217] Deutlicher wurde in seiner Rede auf dem 30. Plenum Kurt Hager, aber auch er blieb gegen Bloch persönlich maßvoll; er kritisierte das SED-Mitglied Lorenz, einen Schüler von Bloch, der bezweifelt habe, die marxistische Philosophie sei fähig, den Kulturschaffenden in allen hauptsächlichen Fragen als Wegweiser zu dienen und fuhr fort: «Hier handelt es sich um den Beitrag eines Schülers von Prof. Bloch. Auf der Delegiertenkonferenz an der Universität Jena traten Genossen auf, die nachwiesen, daß andere Schüler Blochs ebenfalls behaupten, der Personenkult liege am gesellschaftlichen System des Sozialismus, sich die demagogische Unterscheidung von ‹Stalinisten› und ‹Nichtstalinisten› zu eigen machen, an den Ereignissen in Ungarn nicht der Konterrevolution, sondern in erster Linie der ungarischen Partei der Werktätigen die Schuld geben und den jugoslawischen Weg verherrlichen. Man fragt sich, was ist das für eine Philosophie, die derartige politische Resultate hat, die Arbeiter- und Bauernkinder, junge Genossen in einer solchen Weise verseucht? Denn es ist offenkundig, daß ein Zusammenhang zwischen Philosophie und Politik besteht . . . Die Blochsche Philosophie ist besonders charakterisiert durch eine Überbetonung des subjektiven Faktors in der Entwicklung. Es besteht eine starke Abneigung gegen Tatsachen, die von seiten seiner Schüler als ‹Tatsachenfetischismus› oder ‹seichter Empirismus› gekennzeichnet werden, und es wird eine Polemik gegen die marxistische ‹Schmalspurphilosophie› und vor allem gegen das gesellschaftswissenschaftliche Grundstudium geführt . . . Die gesamte Geschichte wird bezogen auf ein Fernziel. Durch die Methode des Ausgehens von einem Fernziel wird der konkrete Klassenkampf überhaupt nicht beachtet und wenig Verständnis für die Tagesfragen ermöglicht. So erklärt sich auch, daß die Schüler Blochs zum Träger von wirklichkeitsfremden Ideen werden, die sich gegen die Politik von Partei und Regierung richten. Ernst Bloch vertritt nicht den dialektischen Materialismus. In seiner Philosophie sind zweifellos starke humanistische und progressive Tendenzen enthalten, obwohl es sich im Grunde genommen um eine idealistische, vom wirklichen Leben und Kampf der Werktätigen losgelöste Philosophie handelt. Die Auseinandersetzung mit der Philosophie Blochs muß von unseren Wissenschaftlern geführt werden. Wir wenden uns entschieden gegen die Angriffe auf das gesellschaftswissenschaftliche Grundstudium und die negativen politischen Einflüsse, die sich bei Schülern und Anhängern Blochs in letzter Zeit bemerkbar machen.»[218] Zum erstenmal wurde damit Blochs Philosophie aus dem Zusammenhang der marxistischen Theorie ausgeschlossen und als eine – wenn auch progressive – bürgerliche Weltanschauung charakterisiert, gegen deren Anspruch, marxistisch zu sein, sich die Partei zur Wehr setzen müsse.

Walter Ulbricht

Isolation

Die Ulbricht–Hagersche Stellungnahme war eine Abwehrreaktion in der ideologisch kritischen Situation der Jahre 1956 und 1957. Die Wissenschaftler, aufgefordert, sich mit Bloch kritisch auseinanderzusetzen, nahmen diesen Auftrag als Zeichen zum Generalangriff. Das unerquickliche und durchweg auf miserablem philosophischem Niveau gehaltene Pamphlet «Ernst Blochs Revision des Marxismus»[219] ist das Resultat dieser Bemühung. Da wird gar nicht erst versucht, zu verstehen, um welche Probleme es Bloch geht und wie diese zum Marxismus sich verhalten. Die Polemik drängt sich vor die Auseinandersetzung, zuweilen mit klarer Entstellung des Sinns von Zitaten, die aus dem Zusammenhang gerissen sind. Weder der «progressive bürgerliche Bundesgenosse» noch der «kämpferische Humanist und Sozialist» und loyale Bürger der DDR werden respektiert. Bloch wird zur ideologischen Feindfigur stilisiert, was in den Diskussionen des 30. ZK-Plenums noch vermieden worden war.

Das bedeutete, daß Bloch aus dem akademischen Leben verschwand. Zwar lebte er unangefochten und von einem kleinen Kreis von Freunden weiterhin besucht in seinem Leipziger Haus, hielt auch seine Tätigkeit als Mitglied der Deutschen Akademie der Wissenschaften aufrecht, fuhr zu Vorträgen und

97

Ernst Bloch mit seinem Verleger Siegfried Unseld in Tübingen

Kongressen auch in westliche Länder. Aber der Kontakt zur studierenden Jugend war unterbunden, der Absturz von der Höhe der Wirkung war jäh. 1959 erschien noch der dritte Band des *Prinzip Hoffnung*, um diese Zeit gab es dann auch wieder ernsthaftere philosophische Auseinandersetzungen, etwa die Kritik Manfred Buhrs in der «Deutschen Zeitschrift für Philosophie» 1960. Doch für eine geplante Gesamtausgabe seiner Werke war der nun Fünfundsiebzigjährige darauf angewiesen, einen westdeutschen Verleger zu suchen. Er fand ihn in Siegfried Unseld, dem Leiter des Suhrkamp-Verlages in Frankfurt am Main. In diese Zeit fällt auch die Wiederbegegnung Blochs mit dem alten Freund «Teddy» Adorno. Die ablehnende Haltung des Instituts für Sozialforschung gegenüber Bloch während der Emigrationszeit hatte sie getrennt, bittere Worte waren beidseitig übereinander gesagt worden. Der Bruch schien irreparabel. Bloch kam 1958 zum Kongreß der Internationalen Hegel-Gesellschaft in Frankfurt am Main, bei dem Adorno das Hauptreferat hielt. Als Adorno von Blochs Erscheinen erfuhr, bestand er darauf, ihm nicht zu begegnen. So wurden die beiden prominenten Gäste an verschiedenen Orten zum Essen geführt, Adorno begleitet von Wilhelm R. Beyer, das Ehepaar Bloch von Hans Heinz Holz. Doch dann kam Bloch zu Adornos Vortrag, nahm ziemlich weit hinten im Hörsaal Platz, unweit der Tür.

Jan Robert Bloch, 1976

Eingang zum Leipziger Haus Wilhelm-Wild-Str. 8

Mit Tochter Mirjam Josephson. Korčula, 1968

Während der Diskussion arbeitete er sich nach vorn, zum Erschrecken Adornos, und hielt einen brillant improvisierten Beitrag von etwa einer Viertelstunde, der Adorno nicht (wie dieser wohl befürchtet hatte) zerfetzte. Nach der Veranstaltung strebte Adorno eilig zum Ausgang, doch Bloch, von der strategisch günstigeren, türnahen Position aus, schnitt ihm den Weg ab, ging breit auf den erblassenden Adorno zu und begrüßte ihn mit den an weit zurückliegende Zeiten anknüpfenden Worten: «Na, Teddy, wie geht's denn?»[220] Das Eis war gebrochen, der Kontakt wiederhergestellt.

Solche Erlebnisse waren nun allerdings selten geworden. In Leipzig lebte Bloch zurückgezogen, sein 75. Geburtstag wurde nur im kleinsten Freundeskreis gefeiert. Siegfried Unseld berichtet: «In der Leipziger Wilhelm-Wild-Straße 8 versammelten sich knapp zehn Freunde und Schüler; der Dekan der Philosophischen Fakultät kam für zehn Minuten mit einem Alpenveilchen und keineswegs im offiziellen Auftrag.»[221] Nach und nach begannen die Werke im Rahmen der Gesamtausgabe und in Einzelausgaben in der BRD zu erscheinen. Bloch als persona ingrata in der DDR wurde nun auf einmal auch von den Publizisten des Westens «entdeckt».

1961 überraschte ihn, während eines Urlaubs in der Bundesrepublik, die Errichtung der Berliner Mauer. Sein Sohn Jan Robert war zu Besuch in

Ernst Bloch, Louise Eisler-Fischer, Ernst Fischer und Alfred Kantorowicz

Ernst Bloch und Herbert Marcuse in Korčula (Jugoslawien)

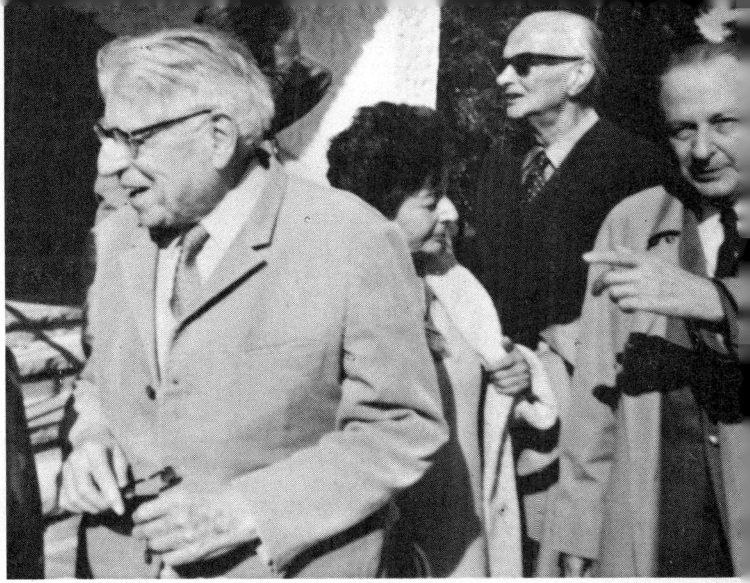

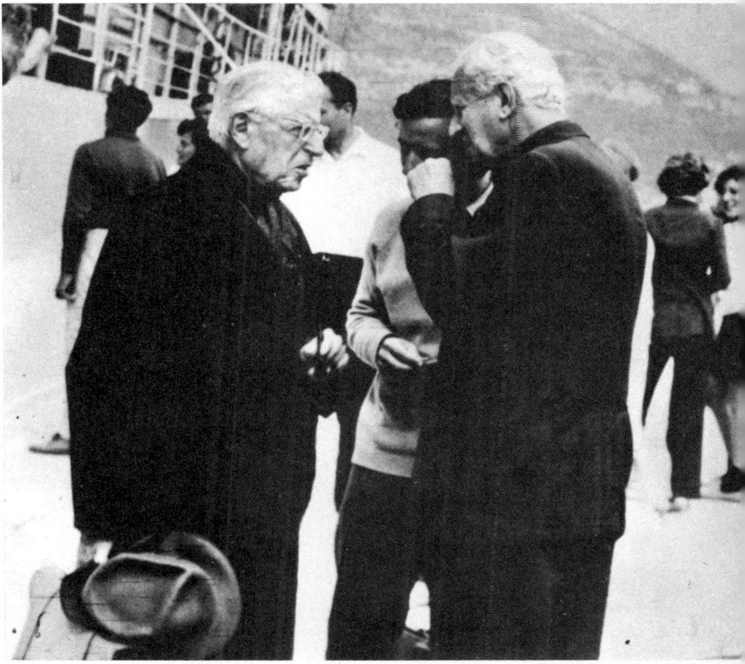

London, eine Rückkehr Blochs in die DDR schien das Risiko in sich zu bergen, vielleicht auf lange Zeit von Sohn und Verlag getrennt zu sein. Zudem hatte die Universität Tübingen ihm auf Drängen seiner Freunde eine Gastprofessur angeboten, die ihm noch einmal eine Wirkung eröffnete, welche die DDR ihm abgeschnitten hatte. So entschlossen sich die Blochs, im Westen zu bleiben. Der Brief, mit dem Bloch dies dem Präsidenten der Deutschen Akademie der Wissenschaften mitteilte, ist ein Zeugnis der Bitterkeit:

Seit Mai 1949, nach meiner Rückkehr aus der Emigration in Amerika, lebte ich, nachdem ich eine Berufung auf den Leipziger Lehrstuhl für Philosophie angenommen hatte, in dem Staat, der sich nachher als Deutsche Demokratische Republik bezeichnete.

In den ersten Jahren meiner Universitätstätigkeit erfreute ich mich ungehindert der Freiheit des Wortes, der Schrift und der Lehre. In den letzten Jahren hat sich diese Situation zunehmend geändert. Ich wurde in die Isolierung getrieben, hatte keine Möglichkeit zu lehren, der Kontakt mit Studenten wurde unterbrochen, meine besten Schüler wurden verfolgt und bestraft, die Möglichkeit für publizistisches Wirken wurde unterbunden, ich konnte in keiner Zeitschrift veröffentlichen und der Aufbauverlag in Berlin kam seinen vertraglichen Verpflichtungen meinen Werken gegenüber nicht nach. So entstand die Tendenz, mich in Schweigen zu begraben.

Demgegenüber gaben mir seit geraumer Zeit Universitäten, Zeitschriften und mein Verlag in Westdeutschland Gelegenheit zu lehren, zu publizieren und meine bisherigen Arbeiten ungestört fortzusetzen. Nach den Ereignissen vom 13. August, die erwarten lassen, daß für selbständig Denkende überhaupt kein Lebens- und Wirkungsraum mehr bleibt, bin ich nicht mehr gewillt, meine Arbeit und mich selber unwürdigen Verhältnissen und der Bedrohung, die sie allein aufrecht erhalten, auszusetzen. Mit meinen 76 Jahren habe ich mich entschieden, nicht nach Leipzig zurückzukehren.

Ich muß Ihnen deshalb, sehr verehrter Herr Präsident, mitteilen, daß ich bei künftigen Sitzungen der Deutschen Akademie der Wissenschaften, deren ordentliches Mitglied ich bin, zu meinem wahren Bedauern nicht mehr anwesend sein kann. [222]

TÜBINGEN

Neuer Ruhm, neue Kämpfe, alte und neue Freundschaften

Tübinger Freunde, allen voran die Buchhändlerin Julie Gastl, Walter und Inge Jens, gaben sich Mühe, den Blochs die neue Emigration freundlich zu machen. (Auf Anregung von Frau Ruth Eva Schulz hatte Frau Gastl noch in der Leipziger Zeit Ernst Bloch zu einer Lesung in ihre Buchhandlung eingeladen; dem ungewöhnlichen Erfolg dieser Lesung war die Gastprofessur in Tübingen zu verdanken.) Der Suhrkamp-Verlag half finanziell; Bloch hatte ja alle seine Habe in Leipzig zurückgelassen und erhielt auch seine Gehaltsbezüge nicht mehr. Kaum etabliert, begann er schon Mitte November 1961 mit seinen Vorlesungen. Joachim Kaiser berichtete darüber in der «Süddeutschen Zeitung»: «Vorher hatte es nach dem üblichen akademischen Stundenplan eine Proust-Vorlesung gegeben, die der Professor mit einem überraschenden ‹Meine Kameraden› begann. In der Pause änderte sich im Auditorium Maximum dann das Bild. Die ersten Reihen wurden mühsam freigemacht für die Prominenz, eine Übertragung der Vorlesung in einen anderen Hörsaal wurde vorbereitet, und es begann ein abenteuerlicher Zustrom, der das Auditorium bis auf den letzten Quadratzentimeter füllte, so daß zu befürchten war, Ernst Bloch werde sich kaum zum Rednerpult durchkämpfen können. Dann trat er ein, sechsundsiebzigjährig, von weißem Haar und europäischem Ruhm umgeben. ‹Meine Damen und Herren›, begann er, ‹ich freue mich, unter Ihnen zu sein. Hier möchte ich meine bisherige Arbeit fortsetzen.›»[223] Sich selbst provozierend, sein Publikum fordernd, fragte Bloch philosophisch, was viele biographisch verstehen mochten. *Über eine Frage sei gesprochen, die besonders wohl ins Haus steht. Es ist kurz und knapp die Frage: Kann Hoffnung, genauer: kann jede Weise und jeder Rang von Hoffnung enttäuscht werden?*[224]

Aus einem Prospekt des Suhrkamp-Verlages, zum 90. Geburtstag

Tübingen: im Erdgeschoß dieses Hauses wohnt das Ehepaar Bloch

Was bleibt, nach Fanfarenklang des Aufbruchs und Zuversicht des glückli-
chen Endes noch zu sagen? Gibt es Erfahrung, die gegen die Hoffnung
spricht? Ist Thomas Müntzers Untergang ein Beweis gegen seinen Anfang?
Diese Fragen scheinen dringend, Beispiele von Resignation nach gescheiter-
tem Wollen sind häufig. Auch Blochs Rückkehr in die westliche Welt, aus wie
vielen persönlichen Motiven auch immer, war letztlich durch enttäuschte
Hoffnung begründet: die Phasenverschiebung zwischen Ideal und Realität in
der DDR war ihm zu groß, dann lebte er lieber dort, wo er von vornherein
nichts Gutes erwartete und wo er das Schlechte guten Gewissens bekämpfen
konnte. Also: kann Hoffnung enttäuscht werden? *Und wie doch, gewiß, so
etwas ist leicht zu haben. Kommt haufenweise vor, jedes Leben ist voll von
Träumen, die nicht gar werden. Das ist sogar unausweichlich bei Hoffen als
bloßem wishful thinking. Mit Luftschlössern an sich, deren Gestehungsko-
sten bekanntlich gering sind. Sie haben keinen Boden, bleiben allzu subjektiv*

und sind auch darin oft nicht vom besten ... Wie aber: Sieht fundiertere Hoffnung, vermittelte, wegkundige, hier zureichend anders drein? Nun, auch sie kann und wird enttäuscht werden, ja sie muß es, sogar bei ihrer Ehre; sonst wäre sie ja keine Hoffnung ... So muß Hoffnung schlechterdings enttäuschbar sein können, erstens, weil sie nach vorn hin offen ist, in Künftiges hin, und nicht bereits Vorhandenes meint. Indem sie darum echt in Schwebe ist, statt Wiederholung aufs Veränderliche setzt, hat sie mit diesem auch das Zufällige mit sich, ohne das es kein Neues gibt. Mit diesem Anteil Zufall, so zureichend er auch bestimmt werden mag, ist das Offene zugleich auch – offenbleibend. So weithin mindestens, daß Hoffnung, die darin ihr Feld hat, mit Wagnis dafür zahlt, nicht auf dem Altenteil zu sitzen. Zweitens aber, damit eng zusammenhängend, muß Hoffnung enttäuschbar sein, weil sie auch als konkret vermittelte nie mit festen Tatsachen vermittelt sein kann. Diese sind ihrer Kundigkeit allemal nur subjektiv verdinglichte Momente oder objektiv verdinglichte Stockungen eines geschichtlichen Gangs

Karikatur von Vasco

(Dessin de Vasco).

der Dinge. Geschichtlich, prozeßhaft ist dieser Gang aber ebendeshalb, weil noch nichts als unwiderrufliches Faktum, das heißt Gewordensein, ausgemacht ist. Daher steht nicht nur der Affekt Hoffnung (mit dem Pendant Furcht), sondern erst recht das Methodikum Hoffnung (mit dem Pendant Erinnerung) im Gebiet eines Noch-Nicht, einer noch während Unentschiedenheit des Eintritts wie vor allem auch des letzten Inhalts. Mit anderen Worten, aufs Enttäuschbare direkt bezogen: Hoffnung hat eo ipso das Prekäre der Vereitlung in sich: sie ist keine Zuversicht. Dafür steht sie zu dicht an der Unentschiedenheit des Geschichts- und Weltprozesses, als eines zwar noch nirgends vereitelten, doch ebenso noch nirgends gewonnenen.[225]

Der Sechsundsiebzigjährige also zieht sich von bloßer Schwärmerei deutlich zurück. Aber er gibt die Hoffnung nicht auf, auch das Ziel nicht; er setzt nur Sperren, Verzögerungen, Abbiegungen, Gefahren des Mißlingens in die Rechnung ein, die das antizipierende Bewußtsein aufmacht. Härter als zuweilen früher ist nun neben dem Nicht des Noch-Nicht-Seins das Nichts als schlechthin negative, vereitelnde Gegenmacht ins Denken aufgenommen. Aber es entspringt keineswegs Verzweiflung oder existentialphilosophische Angst daraus, allerdings beruhigt sich das Gemüt noch weniger im Gefühl neuer Geborgenheit, die nur die falsche einer labilen Wohlstandsgesellschaft samt all ihrem Sand in die Augen ist. Vielmehr strafft Hoffnung sich zur Tendenzkunde, ohne ihr letztes Ziel dabei zu verlieren; denn ohne daß sie es festhielte, bestünde es gar nicht – und sie nicht minder. *Fundierte Hoffnung wird durch Schaden durchaus nicht klug . . . Nichts ist menschlicher als zu überschreiten, was ist. Daß Blütenträume fast selten reiften, ist lang bekannt . . . Der Weltprozeß ist noch nirgends gewonnen, doch freilich auch: er ist noch nirgends vereitelt.*[226]

Die erste Vorlesung in Tübingen zeigte, daß Bloch aufs neue ein Feuer entzündet hatte, das um sich greifen sollte. Auch vier Jahre später noch hatte diese Wirkung nicht nachgelassen. Von einem Vortrag in Frankfurt am Main notierte der Berichterstatter am Rande: «Grazile Studentinnen mit keck über die Schulter gelegtem langem Haar, bärtige Studenten, die im Gesichtsausdruck ihr ‹nonkonformistisches Weltbild› zur Schau stellen, unzählige Akademiker und solche, die es werden wollen – sie alle hatten Sitzreihen, Durchgänge, freie Plätze um das Podium besetzt, drängelten sich an Wänden und Türen. Im Hörsaal VI, einer der größten Hörsäle der Universität, warteten sie auf ‹ihn›. Schon mehr als eine Stunde vor Beginn waren im Hörsaal viele Plätze mit Mappen, Zeitungen und Taschen belegt. 45 Minuten vorher gab es schon keinen Sitzplatz mehr, 15 Minuten vorher bedurfte es schon Wühlmausarbeit, sich durch die Gänge zu schlängeln, 10 Minuten vor dem Vortrag war das Podium besetzt. Nein, nicht von dem Philosophen, sondern von seinen Zuhörern.»[227]

Doch Bloch beließ es nicht bei akademischen Anlässen; das politische Engagement führte ihn immer wieder auf die Tribüne. So an einem eiskalten Spätherbsttag, dem 30. Oktober 1966, als er an der Großkundgebung auf dem Frankfurter Römerberg gegen die Notstandsgesetze teilnahm, einundachtzigjährig, unverdrossen mehr als zwei Stunden in der schneidenden Luft, dick eingehüllt in Wintermantel und Schal.

Wir kommen zusammen, um den Anfängen zu wehren. Diese kennen wir bereits aus den ersten Sätzen der Notverordnung; die weiteren sollen uns

Kongreß «Notstand der Demokratie» am 30. Oktober 1966
vor dem Frankfurter Rathaus. Es sprachen Ernst Bloch und
Hans Magnus Enzensberger

erst später bleich machen. Absicht und Tenor der Sache sind so klar wie
unheimlich, auch wenn, ja gerade wenn die Ausführungsbestimmungen, die
ergänzenden, noch geheime Reichssache sind. Hier kann auch Wehner nicht
beruhigen, nicht abwarten und den bisher üblichen Tee trinken lassen. Die
Zeit ist nicht danach, daß sie uns so viel Zeit läßt.

Der Art. 48, den der Demokrat Hugo Preuß damals (in der Weimarer
Republik), halb naiv, halb taktisch, in die Verfassung einfügte: wird er post
festum Nostand feiern? Er wollte doch gleichfalls die bürgerliche Demokratie
den Worten nach im Notfall schützen, und sie wurde an dem Paragraphen,
der sie im Notstand gerade aufhob, juristisch aufgehängt, bis die Nazis sie

Plastik von Gustav Seitz, 1967

Mit Otto Klemperer in Zürich

wirklich aufgehängt haben . . . Die Spuren also schrecken, wir wollen uns von ihnen endlich aufschrecken lassen. Wir Wissenschaftler, die den Aufruf gegen den Skandal unterschrieben haben, rufen mit dem einsichtigen überwiegenden Teil der Gewerkschaften zum Protest auf, ehe es zu spät ist. Die alten Herren mit ihrem Artikel 48 haben bereits die Vergangenheit verspielt, die neuen Herren mit ihrem Notstandsrecht sollen nicht unsere Zukunft verspielen.[228]

Das ist der alte kämpferische Ton, da hat nichts nachgelassen, keine Müdigkeit oder Resignation. Wer glaubte, Bloch als Legitimation oder Vehikel des Kalten Krieges benutzen zu können, sah sich enttäuscht. Anders als einige seiner Schüler, die mit fliegenden Fahnen zur Springer-Presse übergingen, blieb Bloch unerschüttert auf seinen Positionen: Humanismus, Antifaschismus, Sozialismus.

So begann in Tübingen noch einmal eine Periode intensiver Tätigkeit. Rasch stellten sich auch wieder die alten Freunde ein, Arnold Metzger, Helmuth Plessner, Hans Mayer, der einige Jahre nach Bloch von Leipzig wegging, um einen Ruf nach Hannover anzunehmen, Otto Klemperer. Diesem widmete Bloch, dessen *Geist der Utopie* als eine Philosophie der Musik konzipiert war, 1965 einen freundschaftlichen Geburtstagsgruß, in dem es heißt: *Was mit Ton zusammenhängt, muß immer neu erklingen. Also braucht ein Musikwerk, um nur so gegenwärtig zu sein, wie Gemälde an der Wand, wie Plastiken, wie Bauwerke, seine Instrumente, Solisten, Dirigenten. Von vornherein braucht es das . . . was gegebenenfalls auch zu jeweiliger Neugeburt in Sachen Vergegenwärtigung führen kann. Prototypisch dafür ist seit den zwanziger Jahren der ebenso personhafte wie unpersönliche Werkdienst Klemperers. Mit verstandenem Zerfall des bloß Zeitgebundenen daran, mit verstandener Nachreife des Werks in der seit seinem Entstehen*

Vortrag in der Universität Hamburg, 1967

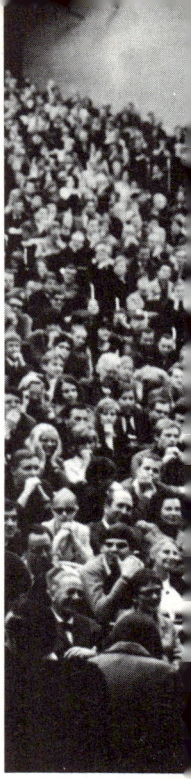

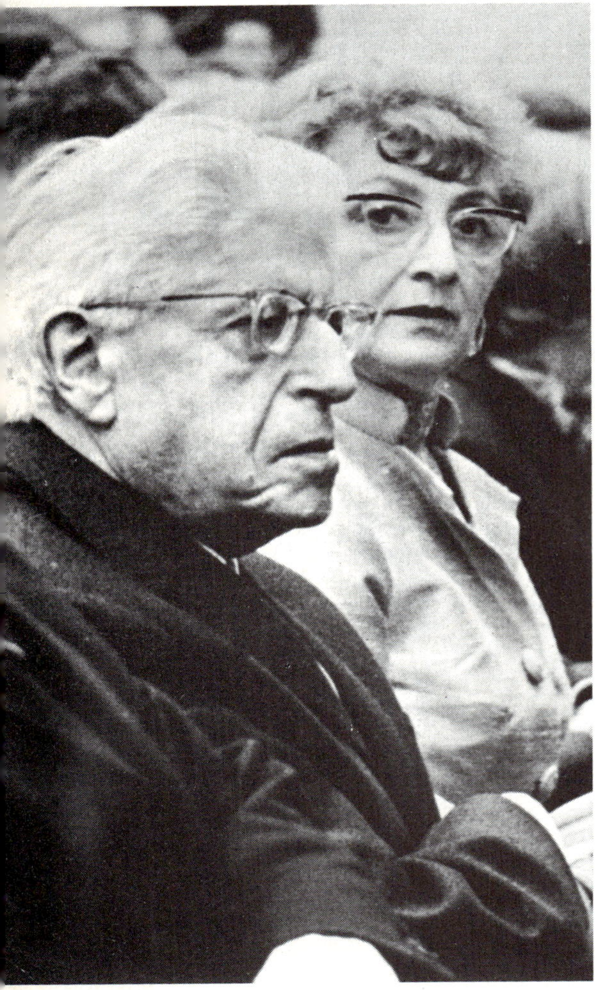

Ernst und Karola.
Hamburg, 1967

verflossenen Zeit, mit verstandener Gegenwart in seiner Vergegenwärtigung. Mit Offenheit nach vorn, wie sie gerade große Musik hat, als besonders viel Zukunft in der Vergangenheit, und die es wachzuhalten gilt.[229]

Auch neue Freunde kamen hinzu, Wolfgang Abendroth unter den älteren, der langjährige Assistent und treue Helfer nach der zur Erblindung führenden Augenoperation, Burghart Schmidt unter den jüngeren. Die Besucher pilgern nach Tübingen, um den Magus, den Zauberer (wie ihn die Studenten nennen) zu sehen. Einer dieser Besucher, Jean Améry, schildert ihn: «Sehr selten sah und sieht man dies: ein Antlitz von derart ungeheurer, fast quälender geistiger Angestrengtheit. Lippen, die tief herabgezogen sind, nicht von Spott, noch weniger von Verachtung; von gestrafftestem geistigem Kraftaufwand ganz allein. Längsfalten, wie von Schnitzmessern gekerbt, nicht die ‹Sorge› Heideggers zum Ausdruck bringend, sondern die schwer einer ständigen Zweifels-Verzweiflungs-Versuchung abgerungene Hoffnung. Durchdringend blickende Augen hinter beängstigend dicken Brillen eines schwer Kurzsichtigen. Dazu eine ganz seltsame Stirn, höhnisches Dementi des Wort- und Bildklischees von der ‹Hohen Denkerstirn›. Ernst Blochs Stirne ist auffallend niedrig, ein mäßig gebogenes Halbrund, gebildet vom Ansatz des dichten, harten weißen Haares. Das ganze Gesicht stellt

111

beunruhigende Anforderungen, vor denen zu bestehen keiner sich so geschwind zutraut.»[230]

Dann entlädt sich 1968 das aufgestaute Unbehagen am Kulturbetrieb, die moralische Empörung über das Morden in Vietnam, die unterdrückte Sehnsucht nach einer (inhaltlich so unbestimmten) Freiheit in der Studentenbewegung. Bloch ergreift, zugleich warnend, Partei. *Obwohl sie satt sind oder zumindest nicht hungern müssen, geht in ihnen eine Unzufriedenheit los. Herr, mache mir Raum in meiner engen Brust, schrieb Goethe an Herder. Also Raum soll geschaffen werden für etwas, was aufrecht gehen will und nicht aufrecht gehen kann. Derart bricht aus der Langeweile eine nicht nur ökonomisch bedingte Unzufriedenheit, die der Erbitterung gegen alles Unterdrückende, Manipuliertmachende, alles Leben Automatisierende, vom allgemeinen Management bis hin zum Besonderen akademischen Patriarchentums. Aber es wäre wichtig, über dieser vorab gegen Bevormundung gerichteten Unzufriedenheit die alten rein ökonomischen Widersprüche des kapitalistischen Daseins nicht zu vergessen. Es ist dies auch ein Ruf an die*

Im Kreis seiner Studenten

Mit seinem langjährigen Mitarbeiter Burghart Schmidt in Tübingen

*akademische Jugend, sich diese nicht nur administrativen Probleme zu über-
legen und derart auch zu Genossen zu sprechen, die, aufgrund ihres Lebens-
stands, mit dem spezifisch Antiautoritären der Studenten wenig anfangen
können.*[231]

Jetzt aber muß danach gefragt werden, wie ein zukunft- und so auch
gegenwartsträchtiges Wechselverhältnis von Jugend und Masse stattfinden
kann. Die Aufgabe der Jugend ist nicht damit erschöpft, Eier zu werfen oder
bloß Papierzettel anzukleben, auch nicht mit dem erschöpft, was auf den
Papierzetteln steht. Doch die Jugend muß aus dem Zustand, der bloß biolo-
gisch ist, heraus. Also: nicht in Jugendbewegung untergehen und jugendbe-
wegt sein und Jugendstil haben!

Im Gespräch mit Rudi Dutschke propagierte dieser den Vorrang der Subjektivität. «Ich würde meinen, das Verhältnis von subjektiver und objektiver
Dialektik hat sich verkehrt zugunsten der subjektiven Dialektik. Es hängt
heute mehr denn je von der subjektiven Tätigkeit der Menschen, vom revolutionären Willen der Menschen ab als von einer objektiven Dialektik.» Darauf
Bloch: *Zu der Proportion subjektive und objektive Dialektik: Konkrete Utopie muß in einem Bündnis stehen mit dem, was in der Gesellschaft und sogar
in der Natur vorgeht. Sonst könnten wir nicht an der Front stehen, um hier
zu helfen.*[232] Während Adorno sich der studentischen Rebellion entzieht,
während Marcuse sie in die politische Ineffizienz der «Großen Weigerung»
verlocken will, bleibt Bloch beim marxistischen Ansatz: die Massen müssen
mobilisiert werden, revolutionäres Bewußtsein darf sich nicht in bloßer
Negation erschöpfen, sondern muß positive Inhalte setzen.

In Tübingen

1971 wird Hans Heinz Holz, unter anderem durch ein Gutachten Blochs unterstützt, auf einen philosophischen Lehrstuhl an der Universität Marburg berufen. Eine Linie des Blochschen Philosophierens, die auf die Ontologie des Noch-Nicht-Seins und eine dialektische Kategorienlehre gerichtete, findet nun ihre systematische Fortsetzung und Weiterbildung auch im akademischen Lehr- und Forschungsbetrieb. Zwei Jahre dauert das politische Hin und Her, bis Holz schließlich 1973 ernannt wird. Bloch – er ist jetzt 88 Jahre alt und dies gehört zu den letzten seiner großen Auftritte in öffentlichen Veranstaltungen – eröffnet am 11. Mai 1973 vor dem überfüllten Auditorium Maximum die Antrittsvorlesung seines jüngeren Freundes: *Ich freue mich, daß diese Veranstaltung stattfindet, daß wir dabei sein können und daß ich dabei sein kann und vor allen Dingen, daß Hans Heinz Holz hier vor meinen Ohren, zum erstenmal in offizieller Funktion, die Leitung hat und wir nachher einen Vortrag von ihm hören können. Es ist das, wie ich höre, zu einem nicht geringen Teil die Frucht eines Tuns der hiesigen Studentenschaft, die daraus eine Kabinettsfrage gemacht hat, daß nämlich das Kabinett endlich richtig besetzt ist; und wir haben den sehr begrüßenswerten und, wie ich hoffe, symptomatischen Fall, daß endlich einmal ein Marxist und der Marxismus in offizieller Funktion an einer bundesdeutschen Universität vertreten ist und zur Sprache kommt.* Und mit einer Erinnerung an eigene Studienzeit fährt Bloch fort: *Als ich das erstemal in Marburg war, war ich,*

Mit Rudi Dutschke in Dänemark

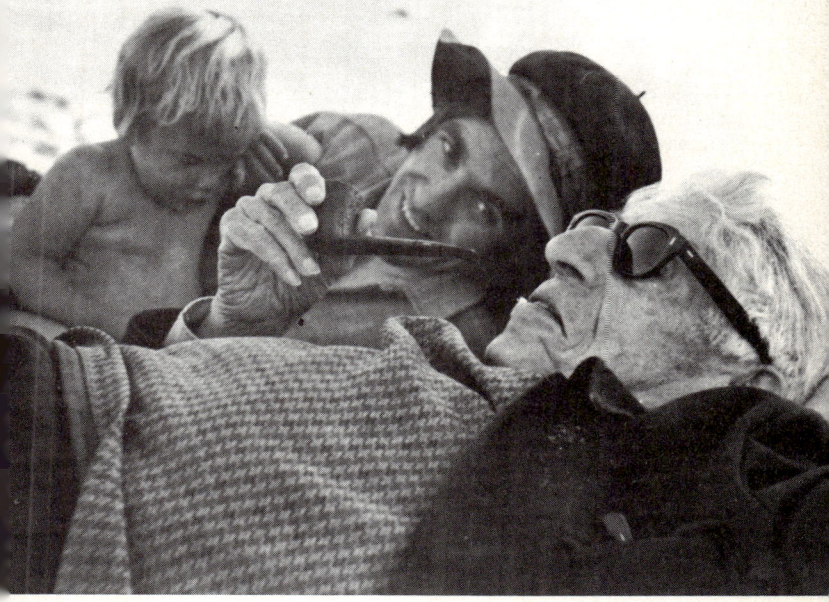

nicht ohne Erkenntlichkeit, in einem Kolleg von Hermann Cohen; und dieser begriff in seiner «reinen Erkenntnis» (die uns als reine Erkenntnis sonst gar nicht mehr so viel angeht) alles Radikale als eine Ehre. Es kamen auch Ketzereien heraus, zum Beispiel dieser gar nicht unebene Satz, daß die empirischen Gegenstände nicht gehört werden sollen, sondern vor allen Dingen verhört – also Erkenntnistheorie als Tätigkeit eines Detektivs innerhalb der vorhandenen Welt. Ein gar nicht ganz gewöhnlicher Durchschnittssatz. Dieses detektivische Denken und ein Denken an den Ursprung hin: das kam einmal aus der damaligen Marburger Schule. Es ist an der Zeit, meine Damen und Herren, und keiner hätte etwas dagegen in Deutschland, wenn so eine Fortsetzung nicht des Inhalts der Marburger Schule – der kann uns gestohlen werden, dieser Inhalt – aber Marburger Schule wieder losgehen könnte, und selbstverständlich ohne Neukantianismus, aber mit einer sehr saftigen Dialektik.[233] Ein Bogen von Tübingen nach Marburg zeichnet sich ab.

SPÄTE EHRUNGEN

Der Achtzigjährige wurde nun zur Legende. Obzwar dem Zeitgeschehen keineswegs entrückt, ist es nun doch die Aura der Überzeitlichkeit, die ihn umgibt. Niederträchtige Angriffe ultrarechter Organisationen – militärischer Traditionsverbände und ähnlicher Vereinigungen –, die Bloch als «Juden» und «ausgebürgerten Vaterlandsverräter» beschimpfen, gehen sang-

und klanglos unter. In der Zeitschrift des Zentralverbandes der politischen Emigranten aus der UdSSR wird er als Verkünder einer «schwindelhaften Hoffnung» angegriffen, der «schamlos den Glückstrieb der Menschheit» ausbeute.[234] In der «Frankfurter Allgemeinen Zeitung» versucht unter der Mitherausgeberschaft von Blochs früherem Freund Benno Reifenberg (der ihn an anderer Stelle kenntnisreich feiert) eine Edith Eucken-Erdsieck, die mit der Philosophie nichts gemein hat als den Namen des einstigen Philosophen und Nobelpreisträgers Rudolf Eucken, Bloch als einen inkonsequenten Scheinmarxisten zu «entlarven», der hinter dem kommunistischen Paradies herlaufe, während es doch darauf ankomme, sich in unserer (miserablen) Wirklichkeit einzurichten – getreu der Devise «Überstehn ist alles».[235] Bewußte Fehldeutungen und Mißverständnisse – sie reichen nicht an Bloch und seine Wirkung heran.

Mißverständnisse mögen allerdings auch im Spiel sein, wo Bloch geehrt wird. Am wenigsten vielleicht beim Kulturpreis des DGB, der 1964 gestiftet und an Bloch und Frans Masereel verliehen wird. Bloch fühlte sich seinem Mitpreisträger verwandt: *Diese Art Graphik stößt und rebelliert gegen die*

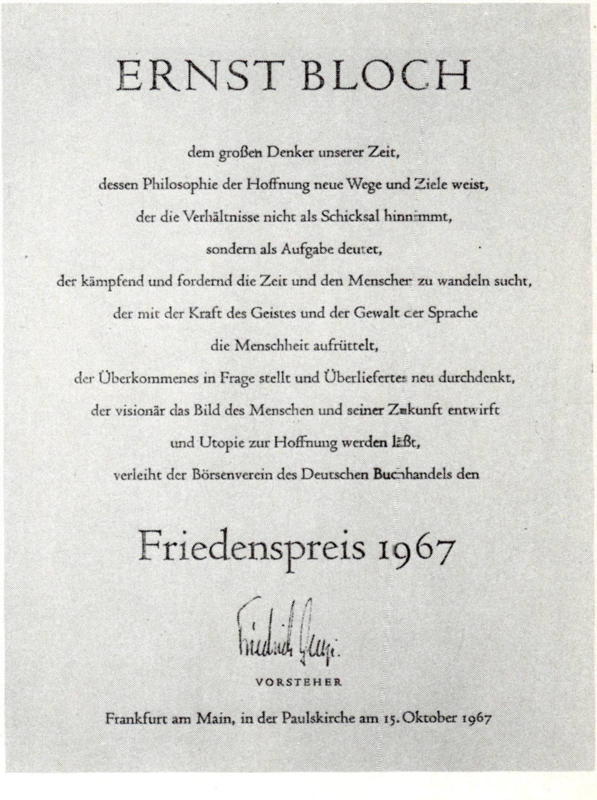

ERNST BLOCH

dem großen Denker unserer Zeit,

dessen Philosophie der Hoffnung neue Wege und Ziele weist,

der die Verhältnisse nicht als Schicksal hinnimmt,

sondern als Aufgabe deutet,

der kämpfend und fordernd die Zeit und den Menschen zu wandeln sucht,

der mit der Kraft des Geistes und der Gewalt der Sprache

die Menschheit aufrüttelt,

der Überkommenes in Frage stellt und Überliefertes neu durchdenkt,

der visionär das Bild des Menschen und seiner Zukunft entwirft

und Utopie zur Hoffnung werden läßt,

verleiht der Börsenverein des Deutschen Buchhandels den

Friedenspreis 1967

VORSTEHER

Frankfurt am Main, in der Paulskirche am 15. Oktober 1967

Schranken im selben Akt, womit sie sie ebenso überschreitet, und sie über-
schreitet sie hell, indem sie finster gegen sie stößt. Masereel umgekehrt nicht
weniger: «Beide ‹zum Sehen geboren›, nicht aber ‹zum Schauen bestellt›,
jedenfalls nicht allein dazu, sondern zuzupacken, mitzugestalten und zu
verändern, den Blick, den Kopf und etwas mehr. Vielleicht sind auch unsere
Werkzeuge nicht so ungleich. Verstand und Messer müssen geschliffen sein,
wie der Witz.»[236]

Problematischer war schon der Friedenspreis des Deutschen Buchhandels
1967, zum mindesten durch die Art der Laudatio, in der Werner Maihofer aus
Bloch einen wohlmeinenden liberalen Naturrechtler machen wollte. Bloch
hat selbst stets gegen solche «Entschärfungen» Stellung bezogen. Seine Rede
zum Friedenspreis war eine kämpferische. *Nur sanft sein, heißt noch nicht*
gut sein. Und die vielen Schwächlinge, die wir haben, sind noch nicht
friedlich. Als häufiges Gemisch von Limonade und Phrase wäre Pazifismus
nicht das, was er für viele Demokraten zu sein hat: Widerstand der sozial-
humanen Vernunft, aktiv, ohne Ausrede. Um dazu nicht entmannt zu sein,

Ehepaar Bloch in Rom, 1967

Mit Enkel Hannes Gustav, Sohn von Jan Robert Bloch, 1976

muß zwischen Kampf und Krieg dringend unterschieden werden.[237] Wohl malt Bloch im weiteren die Utopie des ewigen Friedens aus, auf Kant bezogen, aber dann fährt er fort: *Nur, trotz allem, es geht kein Tanz vor dem Essen. Zweifellos, die Kategorie Fortschritt steht heute schlecht im Kurs, und sie hat sich ebenso oft blamiert, wie sie billig und banal sein könnte. Aber deren selber billige oder umgekehrt Sisyphus bemühende Ablehnung zeigt wie oft nur an, daß kein Engagement für Nahziele wirkte. Oder daß man die Geschichte besonders deshalb als bloßen statischen Dreckhaufen anzusehen beliebte, weil man selber unfähig war, an Nahzielen Geschichte zu machen. Als Vermittlung gerade der Fernziele, wie sie am wenigsten vergessen sein dürften, denen genau aber das Fortschrittsdenken, als das durch Nahziele*

Telegramm   Deutsche Bundespost.

VFtum 75   10 Uhrzeit 56   TSt Tübingen   Leitvermerk   Datum   Uhrzeit

Platz   Empfangen   Namenszeichen   Empfangen von   7111 TF S+11   Platz   Gesendet   Namenszeichen

= ZCZC 455 (10)BERLIN TF 119 7 0700

364

PROFESSOR DR ERNST BLOCH

IMSCHWANZER 35 (074)TUEBINGEN

Dienstliche Rückfragen

LIEBER ERNST . IN DER HOELLE , ABTEILUNG FUER KUOMMUNISTEN , WARTEN

BRECHT , EISLER UND LUKACS VORWURFSVOLL AUF DICH . IHNEN UNTER DIE

AUGEN ZU TRETEN MOEGE GOTT , MILDER GESTIMMT DANK THOMAS MUENTZERS

FUERSPRAECHE, DIR NOCH LANGE ERSPAREN. FUER MICH BLEIBT DIE TRENNUNG

VON DIR EIN CHRONISCHES LEIDEN, VERSCHLIMMERT DURCH HAEUFIGES LESEN

Telegramm   Deutsche Bundespost   Verzögerungs- vermerke

Datum   Uhrzeit   TSt Tübingen   Leitvermerk   Datum   Uhrzeit

Platz   Empfangen   Namenszeichen   Empfangen von   Platz   Gesendet   Namenszeichen

COL 35 (074) 150 90.

DEINER BUECHER, GEMILDERT DURCH DEN ZORN UEBER DEIN WEGGEHEN AUS

GEGENDEN , DIE OHNE DICH AERMER SIND , ALS SIE SEIN MUESSTEN .

ES WIRD SCHWER SEIN , DIES BIS ZU DEINEM 150 GEBURTSTAG WIEDER

EINZURENKEN. TROTZ BITTERKEIT DARUEBER GRUESSE ICH DICH ZU DEINEM 90.

IN VEREHRUNG UND LIEBE   DEIN WOLFGANG HARICH

Telegramm von Wolfgang Harich zum 90. Geburtstag

vermittelte Prozeßdenken, Treue hält. Item: es gibt noch eine andere Wahrheitsschicht als die bloß kontemplative Anpassung des Gedankens an soziale Tatsachen, und dieser besseren Wahrheit wollen wir auch im Widerstand gegen alles imperiale Unrecht in der Welt gemäß sein, gemäß handeln. Und wenn die Verhältnisse die Menschen bilden, so hilft nichts als die Verhältnisse menschlich zu bilden; es lebe die praktische Vernunft.[238] Kein konformistischer Pluralismus kann je daran denken, sich Bloch einzuverleiben. Er bleibt sperrig.

DIE GESAMTAUSGABE

Inzwischen hatte Bloch das 90. Lebensjahr überschritten. Zuweilen griff er, mit schriftlichem Zeugnis oder auf Tonband gesprochener Rede, noch in das Tagesgeschehen ein; sein letztes Wort war die Zustimmung zu einem Aufruf gegen die Neutronenbombe in einem Brief an die «Deutsche Volkszeitung»: *Ich unterstütze den Appell vollauf und bitte meinen Namen zu verwenden.*
Doch die meiste Zeit verwendete er darauf, die letzte Ernte in die Scheuer zu bringen, das heißt, die Gesamtausgabe seiner Werke abzuschließen. Diese, 1959 vom Suhrkamp-Verlag begonnen, erreichte bis zum Tode Blochs den vorgesehenen Umfang von sechzehn Bänden; als letzter erschien eine Auswahl aus den Leipziger Vorlesungen zur Geschichte der Philosophie, *Zwischenwelten der Philosophiegeschichte* betreffend. Bloch hat in den Tübinger Jahren Band für Band, Manuskript für Manuskript aus früheren Zeiten noch einmal durchgesehen und, wo es ihm nötig schien, auf den heutigen Stand seiner Einsichten gebracht. Bei den politischen Aufsätzen machte man ihm den Vorwurf, er habe unangenehme Fehlurteile der dreißiger Jahre wegretuschiert. Dieser Vorwurf ist unberechtigt, eine Ausgabe letzter Hand ist nicht eine historisch-kritische Aufarbeitung, sondern ein Zeugnis der Selbsteinschätzung von der Reife des Alters aus. Zudem zeigt, was stehen blieb, daß es keinen Grund gibt, einen Bruch zwischen dem früheren und dem späteren Bloch zu konstruieren; er blieb immer er selbst, mit einer erstaunlichen Kontinuität der Argumentation.
In diese Jahre der Arbeit an der Gesamtausgabe gehörte auch ein Alterswerk, das in besonderer Weise den philosophischen Kern der Blochschen Philosophie noch einmal herausbringt: *Experimentum Mundi* – eine Kategorienlehre, die das statische Gefüge der Kategorien in Bewegung zu setzen unternimmt und aus Kategorien Richtungswerte des Weltprozesses in einem offenen System macht. Was hier für das philosophische Denken in Gang gesetzt wurde, ist bisher noch nicht aufgenommen worden – so wenig wie die entsprechenden Ansätze im *Materialismusproblem,* an das *Experimentum Mundi* anknüpft.
Die Gesamtausgabe war im Frühjahr 1977 abgeschlossen. Doch Bloch blieb, Nachlese haltend, an der Arbeit. Am Morgen des 4. August überfiel ihn Schwäche. Er legte sich, um zu ruhen, und unmerklich setzte der Herzschlag aus; er hörte auf zu atmen.

Was noch zu tun bleibe, so hatte er mehrfach in den letzten Lebensmonaten gesagt, könnten andere tun. Gemeint war vor allem die Masse der Leipziger Vorlesungen – ein Konvolut von mehr als dreitausend Seiten. In der vorliegenden, von ihm selbst redigierten Gesamtausgabe ist der philosophische Grundgedanke entfaltet und in die umfassende Ausbreitung der Weltgehalte, ihrer Symbolgestalten und Modellfigurationen spezifiziert worden. Bloch hat, in einer Zeit der Austrocknung der Philosophie, der Metaphysik wieder zu Wahrheit und Wirklichkeit verholfen – als ein, wie Martin Walser sagte, «Prophet mit Marx- und Engelszungen».

ANMERKUNGEN

Die Werke Ernst Blochs werden ohne Autorennamen mit dem Titel zitiert, und zwar nach der Gesamtausgabe (Frankfurt a. M. 1959f), soweit sie in diese aufgenommen sind. Beim ersten Zitat aus einem Werk finden sich jeweils die vollen bibliographischen Angaben, später nur Titel und Seitenzahl. Bloch-Äußerungen in anderen Werken werden nach folgendem Abkürzungsschema zitiert: Michael Landmann, «Ernst Bloch im Gespräch» in: «Ernst Bloch zu ehren» (Frankfurt a. M. 1965. S. 345f) als Landmann; Reiner Traub und Harald Wieser (Herausgeber), «Gespräche mit Ernst Bloch» (Frankfurt a. M. 1975) als «Gespräche».

1 *Spuren*. Gesamtausgabe Bd. 1. Frankfurt a. M. 1963. S. 61
2 Ebd., S. 62
3 Ebd., S. 35
4 *Subjekt–Objekt*. Erläuterungen zu Hegel. Gesamtausgabe Bd. 8. Frankfurt a. M. 1962. S. 37
5 *Spuren*. Motto
6 *Literarische Aufsätze*. Gesamtausgabe Bd. 9. Frankfurt a. M. 1964. S. 11
7 Ebd.
8 *Spuren*, S. 64
9 Ebd., S. 17
10 Ebd., S. 220
11 *Das Prinzip Hoffnung*. Gesamtausgabe Bd. 5. Frankfurt a. M. 1959. S. 1628
12 *Erbschaft dieser Zeit*. Gesamtausgabe Bd. 4. Frankfurt a. M. 1962. S. 209
13 Reinhardt Hootz: «Deutsche Kunstdenkmäler». Band Rheinland-Pfalz und Saar. Darmstadt 1958. S. 366 und Abb. 97
14 *Erbschaft dieser Zeit*, S. 211
15 *Literarische Aufsätze*, S. 405
16 Ebd., S. 407
17 *Spuren*, S. 68
18 *Das Prinzip Hoffnung*, S. 409f; vgl. *Erbschaft dieser Zeit*, S. 168f
19 *Literarische Aufsätze*, S. 405
20 *Erbschaft dieser Zeit*, S. 211
21 *Spuren*, S. 68f
22 Ebd., S. 70
23 *Erbschaft dieser Zeit*, S. 209
24 *Das Prinzip Hoffnung*, Teil 1 und 3
25 Michael Landmann: «Ernst Bloch im Gespräch». In: «Ernst Bloch zu ehren». Frankfurt a. M. 1965. S. 345f (hier S. 358)
26 *Philosophische Aufsätze zur objektiven Phantasie*. Gesamtausgabe Bd. 10. Frankfurt a. M. 1969. S. 5
27 Ebd., S. 309
28 *Spuren*, S. 70
29 Ebd., S. 70f
30 *Über Eigenes selber*. In: «Morgenblatt des Suhrkampverlags» Nr. 14, 2. November 1959, S. 1f
31 *Philosophische Aufsätze*, S. 53f
32 *Über Eigenes selber*, S. 1
33 Landmann, S. 347

34 *Über Eigenes selber*, S. 2
35 Reiner Traub und Harald Wieser (Hg.): «Gespräche mit Ernst Bloch». Frankfurt a. M. 1975. S. 31
36 Ebd.
37 Ebd., S. 30
38 Ebd., S. 31
39 *Philosophische Aufsätze*, S. 56
40 Landmann, S. 347
41 Georg Lukács: «Die Seele und die Formen». Berlin 1911. S. 190 f
42 *Durch die Wüste* (*Die Okkulten* von 1913). Berlin 1923 – Neuausgabe: Frankfurt a. M. 1964. S. 80
43 *Über Eigenes selber*, S. 2
44 *Die Schichten der Kategorie Möglichkeit*. In: *Das Prinzip Hoffnung*, S. 258 f; *Die Lehren vom Einzelnen-Allgemeinen*. In: *Das Materialismusproblem – seine Geschichte und Substanz*. Gesamtausgabe Bd. 7. Frankfurt a. M. 1972. S. 32 f; *Zur Ontologie des Noch-Nicht-Seins*. In: *Tübinger Einleitung in die Philosophie*. Gesamtausgabe Bd. 13. Frankfurt a. M. 1970. S. 210 f; *Zur Frage Logistik*. In: *Philosophische Aufsätze*, S. 424 f
45 *Politische Messungen, Pestzeit, Vormärz*. Gesamtausgabe Bd. 11. Frankfurt a. M. 1970. S. 15
46 *Durch die Wüste* (*Schulphilosophen heute* von 1913), S. 91 f
47 Marianne Weber: «Max Weber – ein Lebensbild». Tübingen 1926. S. 373, 474
48 Ebd., S. 473 (Max Weber an Georg Lukács)
49 Ebd., S. 476
50 *Durch die Wüste* (*Die Leere* von 1910), S. 9
51 *Philosophische Aufsätze*, S. 13
52 Weber, a. a. O., S. 476
53 *Über Eigenes selber*, S. 2
54 *Philosophische Aufsätze*, S. 118 f
55 Vgl. Hans Heinz Holz: «Logos spermatikos». Neuwied–Darmstadt 1975. S. 52 f
56 *Geist der Utopie*. Gesamtausgabe Bd. 16 (Erstauflage von 1918). S. 19
57 *Über Eigenes selber*, S. 2
58 *Geist der Utopie*, S. 31 f
59 Wilhelm Worringer: «Abstraktion und Einfühlung». München 1908 – Neudruck: München 1948. S. 26, 124, 122
60 Wilhelm Pinder: «Die Kunst der Kaiserzeit». 5. Aufl. Frankfurt a. M. 1952. S. 48
61 *Geist der Utopie*, S. 230 f
62 Ebd., S. 234
63 Ebd., S. 382 f
64 Ebd., S. 386
65 Ebd., S. 387
66 Ebd., S. 388
67 Landmann, S. 350
68 *Über Eigenes selber*, S. 2
69 «Gespräche», S. 32, 300 f
70 Georg Lukács in: «Gespräche», S. 33

71 Margarete Susman in: «Ernst Bloch zu ehren», a. a. O., S. 333
72 *Philosophische Aufsätze*, S. 601
73 Walter Benjamin: «Briefe». Frankfurt a. M. 1966. S. 218 f
74 Ebd., S. 229, 232 f, 234 f (u. ö.)
75 Ebd., S. 424
76 Ebd., S. 529, 533
77 «Gespräche», S. 221
78 «Über Walter Benjamin». Frankfurt a. M. 1968. S. 17
79 Ebd., S. 18
80 Ebd., S. 21
81 Benjamin, a. a. O., S. 253
82 Ebd., S. 275
83 *Thomas Münzer als Theologe der Revolution*. Frankfurt a. M. 1962. S. 242
84 *Das Prinzip Hoffnung*, S. 1628
85 *Tübinger Einleitung*, S. 49
86 Ebd., Kapitel 8 und 9
87 Ebd., S. 49 f
88 *Literarische Aufsätze*, S. 421
89 Ebd., S. 422
90 *Tübinger Einleitung*, S. 334
91 *Literarische Aufsätze*, S. 498 f
92 Ebd., S. 499
93 *Tübinger Einleitung*, S. 49
94 Mitteilung von Hans Heinz Holz, der damals regelmäßiger Mitarbeiter der «Zeitschrift für philosophische Forschung» und des «Philosophischen Literaturanzeigers» war und dem seine Besprechung nach längerem Hin und Her zurückgegeben wurde.
95 *Politische Messungen*, S. 277
96 *Vom Hazard zur Katastrophe*. Politische Aufsätze aus den Jahren 1933–1939, Originalfassungen. Frankfurt a. M. 1972. S. 33
97 Ebd., S. 34
98 Ebd.
99 Ebd., S. 35
100 Hans Albert Walter: «Deutsche Exilliteratur» Bd. 1. Darmstadt–Neuwied 1972; Matthias Wegner: «Exil und Literatur». Frankfurt a. M.–Bonn 1967
101 Benjamin, a. a. O., S. 480
102 «Über Walter Benjamin», a. a. O., S. 18
103 Georgi M. Dimitrov: «Ausgewählte Werke». Sofia 1967. S. 645 f
104 Ebd., S. 609, 673 f
105 *Vom Hazard zur Katastrophe*, S. 53
106 Ebd., S. 101
107 Dimitrov, a. a. O., S. 673
108 Georg Lukács: «Essays über Realismus». In: «Werke» Bd. 4. Neuwied–Berlin 1971. S. 149
109 Vgl. Holz, a. a. O., S. 52 f
110 Vgl. Helga Gallas: «Marxistische Literaturtheorie». Neuwied–Berlin 1971
111 *Erbschaft dieser Zeit*, S. 255 f
112 Lukács, «Essays über Realismus», a. a. O., S. 146
113 *Erbschaft dieser Zeit*, S. 255

114 Ebd., S. 256 f
115 Vgl. Gersom Scholem: «Walter Benjamin und sein Engel». In: «Zur Aktualität Walter Benjamins». Frankfurt a. M. 1972. S. 87 f; Peter von Haselberg: «Benjamins Engel». In: «Materialien zu Benjamins Thesen ‹Über den Begriff der Geschichte›». Frankfurt a. M. 1975. S. 337 f
116 «Die Expressionismusdebatte». Hg. von H.-J. Schmitt. Frankfurt a. M. 1973
117 Klaus Mann in: «Expressionismusdebatte», a. a. O., S. 47
118 Alfred Kurella (Pseudonym Bernhard Ziegler) in: «Expressionismusdebatte», a. a. O., S. 50
119 Kurella, a. a. O., S. 53
120 Hans Albert Walter: «Deutsche Exilliteratur» Bd. 7. Darmstadt–Neuwied 1973
121 Ebd., S. 316, 309
122 Kurella, a. a. O., S. 231
123 Ebd., S. 244
124 Bloch in: «Expressionismusdebatte», a. a. O., S. 191 = *Erbschaft dieser Zeit*, S. 275
125 Bloch in: «Expressionismusdebatte», a. a. O., S. 186 = *Erbschaft dieser Zeit*, S. 270 f
126 Fernsehgespräch Ernst Blochs mit Hans Heinz Holz, Aufnahme stern-tv unter Leitung von Gösta von Uexküll (Manuskript)
127 Thomas Mann: «Politische Reden und Schriften» Bd. 2. Frankfurt a. M. 1968. S. 348 f
128 Ebd., S. 362 f
129 Ebd., S. 324
130 Max Rychner: «Bericht aus Deutschland». In: «Neue Schweizer Rundschau», Februar 1936, S. 615
131 Mann, a. a. O., S. 349
132 *Politische Messungen*, S. 150
133 *Vom Hazard zur Katastrophe*, S. 340 f
134 Ebd., S. 341
135 Ebd.
136 Klaus Mann: «Der Wendepunkt». München 1976. S. 388 f
137 *Vom Hazard zur Katastrophe*, S. 281
138 Ebd.
139 Ebd., S. 287 f
140 *Politische Messungen*, S. 12
141 *Vom Hazard zur Katastrophe*, S. 351 f
142 Maurice Merleau-Ponty: «Humanismus und Terror». Frankfurt a. M. 1966
143 Ebd., S. 71
144 *Naturrecht und menschliche Würde*, S. 274: *Es gibt keine Ausführung (Herausführung) der Moral ohne gleichzeitige Veränderung im Verhältnis der Menschen zu den Produktionsmitteln, also ohne Bestreben zur institutionellen Abschaffung des Eigennutzes, dieses amoralischen Erbfeindes. Aber auch: Gerade Politik, die diese Bedingungen zur menschlichen Reinheit schaffen will, wird eben als solche keinen Schritt tun können, ohne ihr human Rechtes mit dem human Sittlichen in intentionierter Übereinstimmung zu erblicken. Jeder wechselseitige Ersatz von Politik und Moral ist unecht, wohl aber gilt: Moral, damit sie ohne Heuchelei und Ideologie sein*

könne, verlangt den Bau des öffentlich Rechten, und dieser Bau hat nicht nur sein Richtfest, sondern seine notwendig präparierende Heimbildung selber in der Moral.

145 *Vom Hazard zur Katastrophe*, S. 181
146 *Subjekt–Objekt*, S. 33
147 *Das Materialismusproblem*, S. 371
148 Ebd., S. 361
149 Ebd., S. 362
150 Hans Heinz Holz: «Leibniz». Stuttgart 1958; «Zur Dialektik im System von Leibniz». In: «Deutsche Zeitschrift für Philosophie», Jg. 2, H. 3, S. 549f (1954)
151 *Das Materialismusproblem*, S. 369
152 Ebd., S. 476, 478
153 *Tübinger Einleitung*, S. 243, 210
154 Jean-Paul Sartre: «Kritik der dialektischen Vernunft». Reinbek 1967. S. 129f
155 *Tübinger Einleitung*, S. 247f
156 *Das Prinzip Hoffnung*, S. 84
157 Nicolai Hartmann: «Möglichkeit und Wirklichkeit». Berlin 1938
158 *Das Prinzip Hoffnung*, S. 258f
159 Ebd., S. 271
160 Vgl. Hans Heinz Holz: «Einleitung zu Ernst Bloch. Auswahl aus seinen Schriften». Frankfurt a. M. 1967. S. 93: «Die Zukunft selbst ist ihrem Wesen nach nichts anderes als der temporale Aspekt der Seinsweise Möglichkeit, so wie diese der modale Aspekt der Zeiterstreckung Zukunft ist. Die Sprache selbst belegt uns diese Beziehung, indem sie temporale und modale Ausdrücke ineinander übergehen läßt und umgekehrt.» Vgl. Holz: «Kategorie Möglichkeit und Moduslehre» in: «Ernst Bloch zu ehren», a. a. O., S. 99f
161 *Das Prinzip Hoffnung*, S. 225f
162 Ebd., S. 235
163 *Experimentum Mundi*. Gesamtausgabe Bd. 15. Frankfurt a. M. 1975. S. 88f
164 Edmund Husserl: «Vorlesungen zur Phänomenologie des inneren Zeitbewußtseins». Halle 1928
165 Martin Heidegger: «Sein und Zeit». Halle 1927
166 Henri Bergson: «Matière et mémoire». Paris 1896
167 *Experimentum Mundi*, S. 93
168 Ebd., S. 94
169 *Erbschaft dieser Zeit*, S. 104
170 *Tübinger Einleitung*, S. 135
171 Ebd., S. 147
172 Ebd., S. 193
173 *Experimentum Mundi*, S. 67, 147
174 *Naturrecht und menschliche Würde*. Gesamtausgabe Bd. 6 Frankfurt a. M. 1961. S. 213, 215, 217, 223
175 Ebd., S. 310f
176 *Geist der Utopie*, 2. Aufl. von 1923. Gesamtausgabe Bd. 3. Frankfurt a. M. 1964. S. 306
177 *Subjekt–Objekt*, S. 11f
178 Ebd., S. 409
179 Vgl. «Ernst Bloch zu ehren», a. a. O., S. 404. Die Rezensenten waren Max

Bense in «Neue literarische Welt»; Hans Heinz Holz im Organ der Deutschen Akademie der Wissenschaften «Deutsche Literaturzeitung»; Wolfgang Schubardt im Organ der ZK der SED «Einheit».

180 *Das Prinzip Hoffnung*, S. 319
181 Ebd., S. 1606 f
182 *Philosophische Aufsätze*, S. 591
183 Ebd., S. 595 f
184 Vgl. Hans Mayer: «Ernst Bloch. Utopie, Literatur». In: «Ernst Bloch zu ehren», a. a. O., S. 237
185 *Philosophische Aufsätze*, S. 273 f, 276
186 Ludwig Marcuse: «Bewunderung und Abscheu». In: «Ernst Blochs Wirkung». Frankfurt a. M. 1975. S. 75
187 Hans Mayer: «Der Redner Ernst Bloch». In: «Ernst Blochs Wirkung», a. a. O., S. 219
188 Gerhard Zwerenz: «Kopf und Bauch». Frankfurt a. M. 1971. S. 127 f
189 *Philosophische Aufsätze*, S. 380 f, 384 f
190 Ebd., S. 486 f
191 Ebd., S. 491
192 Ebd., S. 487, 493
193 Vgl. Holz, «Logos spermatikos», a. a. O., S. 25 f
194 Ebd., S. 223
195 Die Gültigkeit der vollzogenen Promotion wurde später angezweifelt, weil die mündliche Prüfung erlassen worden war; das Rigorosum mußte dann 1969 nachgeholt werden.
196 Die Bibliographie weist bis 1956 in der Bundesrepublik außer dem schon genannten Aufsatz Max Benses und einigen in der linken Wochenzeitung «Die Deutsche Woche» erschienenen Artikeln von Holz nur zwei Aufsätze von Helmut Olles 1955 und 1956 in der linkskatholischen Zeitschrift «Frankfurter Hefte» aus. Erst 1960 rezipierte die westdeutsche Linke, stimuliert von den Bemühungen des Suhrkamp-Verlages, das Werk Ernst Blochs – nun allerdings mit vollem Aufgebot, von Martin Walser und Walter Jens über Jürgen Habermas und Friedrich Heer bis zu den eher Konservativen Jürgen von Kempski und Dieter Wellershoff, von den Theologen ganz zu schweigen. Bloch kam «in Mode».
197 Rugard Otto Gropp: «Die marxistische dialektische Methode und ihr Gegensatz zur idealistischen Dialektik Hegels». In: «Deutsche Zeitschrift für Philosophie», 2. Jg./1954, H. 1/2, S. 73
198 *Philosophische Aufsätze*, S. 484
199 Gropp, a. a. O., S. 96
200 Auguste Cornu, Diskussion über Hegel. In: «Deutsche Zeitschrift für Philosophie», 2. Jg./1954, H. 4, S. 895
201 Fritz Behrens, Diskussion über Hegel. In: «Deutsche Zeitschrift für Philosophie», 2. Jg./1954, H. 4, S. 896
202 Behrens, a. a. O., S. 897
203 Behrens, a. a. O., S. 902
204 Wolfgang Schubardt, Diskussion über Hegel. In: «Deutsche Zeitschrift für Philosophie», 3. Jg./1955, H. 1, S. 74
205 Hans Heinz Holz: «Der Philosoph Ernst Bloch und sein Werk ‹Das Prinzip Hoffnung›». In: «Sinn und Form», 7. Jg./1955, H. 3, S. 415 f

206 «Festschrift Ernst Bloch zum 70. Geburtstag». Berlin 1955. S 7
207 «Das Problem der Freiheit im Lichte des wissenschaftlichen Sozialismus. Protokoll der Konferenz der Sektion Philosophie der Deutschen Akademie der Wissenschaften zu Berlin 8.–10. März 1956» (zit. «Protokoll»). Berlin 1956. – Das Protokoll war zu Jahresende 1956 ausgedruckt und wurde – nach der Verhaftung Wolfgang Harichs und der Emeritierung Blochs (siehe näch-sten Abschnitt) nicht mehr ausgeliefert; wahrscheinlich sind nur die Teil-nehmer der Konferenz, die ihre Belegexemplare erhielten, im Besitz dieses Bandes, der ein Rarissimum des Buchmarkts darstellt.
208 «Protokoll», S. 18 f. Wir zitieren hier Blochs Rede nach dem Konferenzproto-koll, da die in die *Philosophischen Aufsätze* (S. 573 f) aufgenommene Fas-sung erheblich gekürzt ist.
209 «Protokoll», S. 21
210 *Politische Messungen*, S. 358
211 Ebd., S. 359, 361
212 *Philosophische Aufsätze*, S. 481 f
213 Ebd., S. 482
214 Ebd., S. 495, 497 f
215 Ebd., S. 483
216 «Deutsche Zeitschrift für Philosophie», 4. Jg./1956, H. 5/6, S. 531
217 Ebd., S. 523
218 Ebd., S. 534 f
219 «Ernst Blochs Revision des Marxismus». Hg. von Rugard Otto Gropp. Berlin 1957
220 Die Anrede ist strittig. Bloch erinnert sich, «Teddy» gesagt zu haben, andere Teilnehmer berichten, er habe «Wiesengrund» gesagt (so Hans Heinz Holz und Wilhelm R. Beyer).
221 Siegfried Unseld, Geleitwort. In: «Ernst Bloch zu ehren», a. a. O., S. 6
222 Zit. n. «Süddeutsche Zeitung» vom 21. September 1961
223 Joachim Kaiser in: «Süddeutsche Zeitung» vom 20. November 1961
224 *Literarische Aufsätze*, S. 385
225 Ebd., S. 385 f
226 Ebd., S. 389 f
227 Zit. n. «Frankfurter Rundschau» vom 20. Januar 1965
228 Zit. n. vervielfältigtem Manuskript des Kuratoriums Notstand der Demo-kratie
229 *Literarische Aufsätze*, S. 554 f
230 Zit. n. «Basler National-Zeitung» vom 11. Juli 1965
231 *Politische Messungen*, S. 397, 396
232 Ebd., S. 400 f
233 Zit. n. Tonbandprotokoll
234 «Freie Rundschau», hg. vom Zentralverband Politischer Emigranten aus der UdSSR, Januar/Februar 1962, S. 25 f
235 «Frankfurter Allgemeine Zeitung» vom 27. Januar 1962
236 Zit. n. «Basler National-Zeitung»
237 *Politische Messungen*, S. 433 f
238 Ebd., S. 441, 445

ZEITTAFEL

1885   Geboren am 8. Juli in Ludwigshafen am Rhein als Sohn des bayerischen Eisenbahnbeamten Max Bloch und Frau Bertha geb. Feitel.

1898   Erste philosophische Abhandlung in einem Schulheft: *Das Weltall im Lichte des Atheismus.* Frühe Lektüre philosophischer Werke in der Schloßbibliothek Mannheim.

1902   *Über die Kraft und ihr Wesen* – ein Essay, den die «Frankfurter Zeitung» abdrucken wollte, was aber wegen eines möglichen Disziplinarverfahrens im Gymnasium nicht geschah.

1902–1903 Briefwechsel mit Ernst Mach (ein Faksimile ist noch erhalten), Theodor Lipps, Eduard von Hartmann, Wilhelm Windelband.

1905   Abitur am humanistischen Gymnasium in Ludwigshafen.

1905–1906 Studium der Philosophie in München (bei Lipps).

1907–1908 Fortsetzung des Studiums in Würzburg (bei Külpe). Nebenfächer: Musik und Physik.

1908   Promotion (nach sechs Semestern) mit der Dissertation: *Kritische Erörterungen über Rickert und das Problem der modernen Erkenntnistheorie* (gedruckt 1909).

1908–1911 Aufenthalt in Berlin. Dazwischen Besuch in Budapest, Bekanntschaft mit Georg Lukács, daraus folgende Freundschaft. In Berlin Teilnahme am Privatkolloquium bei Georg Simmel. Dort Begegnung mit Margarete Susman, der eine lange Freundschaft folgte.

1911   Aufenthalt in Garmisch. Fortsetzung der schon 1907 begonnenen Aufzeichnungen zur Theorie des Noch-Nicht-Bewußten.

1912   Reise nach Italien mit Lukács. Danach Aufenthalt in Heidelberg im Kreis von Max Weber. Immer wieder Rückkehr nach Garmisch. Entwurf einer Erkenntnistheorie mit utopischen Tendenzen als Objekt der Erkenntnis.

1913   Heirat mit Else von Stritzky, Bildhauerin aus Riga, in Garmisch. Nachfolgender Wohnort in Heidelberg bis 1914.

1914–1917 Grünwald im Isartal. Dort entstand das erste Werk: *Geist der Utopie.*

1917   Im Frühjahr Ausreise nach Bern: Auftrag des «Archivs für Sozialwissenschaft», Heidelberg, zur Fertigstellung einer Untersuchung über *Politische Programme und Utopien in der Schweiz* (1918 in diesem «Archiv» erschienen). Mitarbeit an der «Freien Zeitung» und dem Freien Verlag, Bern (Opposition gegen Hindenburgs und Ludendorffs Krieg).

1918   *Geist der Utopie* bei Duncker und Humblot in München erschienen. Arbeit an einem Manuskript zur Logik, das durch die Nazis verlorengegangen ist.

1919   Rückkehr nach Deutschland. Zuerst Berlin, dann München.

1920–1921 *Thomas Münzer* geschrieben. Bei Kurt Wolff in München 1921 erschienen.

1921   Tod von Else Bloch. Umsiedlung nach Berlin.

1922   Im Juli Heirat mit Linda Oppenheimer, Malerin aus Frankfurt. Generalvertrag mit Verlag Paul Cassirer. Dort Neuausgabe von *Geist der Utopie* (1923), *Spuren* (1930).

1924   Aufenthalt in Positano, Italien.

1925–1926	Paris und Sanary (bei Toulon), Reise nach Tunesien.
1926	Aufenthalt in Berlin. Engere Beziehungen zu Kracauer, Adorno, Benjamin.
1928	Mitarbeit an der «Frankfurter Zeitung». Freundschaft mit Bertolt Brecht, Kurt Weill, Otto Klemperer. Geburt der Tochter Mirjam.
1929	Aufenthalt in Wien.
1930–1933	Berlin. Erscheinen von *Spuren*. Arbeit an *Erbschaft dieser Zeit*, als kritischer Darstellung der zwanziger Jahre insgesamt.
1933	Anfang März: Emigration nach Zürich. Erscheinen von *Erbschaft dieser Zeit* 1935 bei Emil Oprecht, Zürich.
1934	Wien. Im November Heirat mit Karola Piotrkowska, Architektin aus Łódź (Polen).
1935	Paris. Teilnahme am Kongreß «Pour la Défence de la Culture». Zusammenarbeit mit antifaschistischen Kreisen in Paris. Studien zur Problemgeschichte des Begriffs Materie.
1936–1938	Prag. Manuskript: *Geschichte und Gehalt des Begriffs Materie*. 1937 Geburt des Sohnes Jan Robert. Regelmäßige Mitarbeit an der Prager «Weltbühne».
1938–1949	Emigration nach den USA. 1938–1940 New York; 1940–1941 Marlborough, New Hampshire; 1942–1949 Cambridge, Mass. Herstellung der Manuskripte *Das Prinzip Hoffnung* (ursprünglicher Titel «Träume vom besseren Leben». Oxford University Press interessierte sich für das Manuskript, aber trotz Bemühungen von Freunden, vor allem von Paul Tillich, ist es zu keinem Vertrag gekommen), *Naturrecht und menschliche Würde*, religionsphilosophische Studien, *Subjekt–Objekt – Erläuterungen zu Hegel*. Dieses Buch ist 1949 in Mexico City in spanischer Übersetzung erschienen.
1948	Berufung auf den Lehrstuhl für Philosophie, Universität Leipzig.
1949	Mit Frau Karola und Sohn Jan Robert nach Leipzig übergesiedelt. Antrittsvorlesung: *Universität, Marxismus, Philosophie*. Erscheinen der Bücher: *Subjekt–Objekt, Das Prinzip Hoffnung* (Band 1 und 2 der im Aufbau-Verlag, Ost-Berlin, vorgesehenen dreibändigen Ausgabe), *Christian Thomasius* (ebd.), *Avicenna und die Aristotelische Linke* (Rütten und Loening).
1955	Nationalpreis der DDR; ordentliches Mitglied der Deutschen Akademie der Wissenschaften, Berlin.
1956	Freiheits-Konferenz der Deutschen Akademie der Wissenschaften. Erste Reise nach West-Deutschland zur Kölner Tagung der Philosophischen Gesellschaft. In Ungarn Regierung Nagy mit Georg Lukács als Kultusminister. Die folgenden konterrevolutionären Unruhen werden von sowjetischen Truppen niedergeschlagen. Vorübergehende Deportation von Lukács nach Rumänien.
1957	Konflikt Blochs mit der SED. Emeritierung. Zunehmende Isolation in Leipzig. Literarische, philosophische, politische Aufsätze. Fertigstellung der Manuskripte *Geschichte der Philosophie* nach den von 1949 bis 1956 gehaltenen Vorlesungen über griechische, mittelalterliche, neuere und gegenwärtige Philosophie.
1958	Reise nach Frankfurt am Main zur Hegel-Konferenz. Erster Vertrag mit Suhrkamp-Verlag für *Spuren*.

1959	Im Januar Vertrag mit Suhrkamp Verlag über *Prinzip Hoffnung*. Sommer Reise nach Paris und Cerisy-la-Salle zur Tagung des «Centre culturel Cerisy-la-Salle» mit dem Thema «Genèse et structure». Dort Vortrag *Über das Vermehrende im Prozeß und seinen Gestalten*. *Spuren* und *Das Prinzip Hoffnung* erscheinen im Suhrkamp-Verlag. In Ost-Berlin Erscheinen des dritten Bandes von *Prinzip Hoffnung*.
1960	Vorträge in Tübingen, Heidelberg und Stuttgart. Einladung für eine Gastprofessur an der Universität Tübingen.
1961	Sommerreise nach Bayreuth. Begegnung mit Wieland Wagner, darauffolgende Freundschaft mit ihm. Überrascht durch den Bau der Mauer beschließt Bloch, nicht mehr nach Leipzig zurückzukehren. Annahme der Gastprofessur in Tübingen. Eröffnungsvorlesung: *Kann Hoffnung enttäuscht werden?* Vorlesungen und Seminare zu philosophischen Grundfragen, Philosophie der Renaissance, Schopenhauer, Hegel. Ab 1966 Unterbrechung der Vorlesungen, Fortdauer der Seminare. Zahlreiche Vorträge im In- und Ausland. Teilnahme an Tagungen und Kongressen.
1964	1. Kulturpreis des Deutschen Gewerkschaftsbundes.
1967	Friedenspreis des Börsenvereins des Deutschen Buchhandels.
1969	Ehrendoktorwürde der Universität Zagreb, Jugoslawien.
1972	Erscheinen des *Materialismusproblems*.
1974	Erscheinen von *Experiment Welt* und *Experimentum Mundi*.
1975	Ehrendoktorwürde der Pariser Universität Sorbonne und Ehrendoktorwürde der Universität Tübingen.
1977	Im Frühjahr Beendigung des Manuskripts *Tendenz-Latenz-Utopie*, Bd. 17 der Gesamtausgabe, der im Frühjahr 1978 erscheinen wird. 4. August: Ernst Bloch erliegt am Morgen einer Herzschwäche.

ZEUGNISSE

HERMANN HESSE

Erbschaft dieser Zeit von Ernst Bloch scheint mir die überlegenste und zugleich eleganteste, geistig souveränste marxistische Kritik der jüngsten Kulturphasen zu sein, ein Buch, dessen Voraussetzungen ich nicht alle teile, denn ich bin nicht Marxist, dessen gewissenhaft scharfe Formulierungen und dialektische Biegsamkeit aber zur Bewunderung zwingen. Bloch hat das, was die übliche sozialistisch-kommunistische Literatur so selten hat: jene bürgerliche Tradition eines gepflegten, sauberen, methodisch einwandfreien Denkens: in seinem Fall ist es ein Denken mittels der Hegel-Marxischen Dialektik. Mit einem höchst subtilen Instrumentarium untersucht und präpariert er jene Gewebsschichten der heutigen bürgerlichen Kultur, welche am stärksten der Mode unterliegen und darum am leichtesten aus ihrer Abhängigkeit von den politisch-wirtschaftlichen Konstellationen erklärt werden können: die Modestile in der jungen Malerei, Baukunst etc., Theater, Film, Tagesphilosophie, Belletristik. Er räumt mit den Größen dieser Welt gründlich und reinlich auf, mit Ausnahme von Brecht und (teilweise) Strawinsky bleibt eigentlich nichts übrig, und es mag ja sein, daß er damit Recht hat, ich stehe nicht hoch genug, um die Welt so götterhaft zu überblicken.

Aus: «Ernst Blochs Wirkung». Frankfurt a. M. 1975

ALFRED KANTOROWICZ

Über Ostern war ich einige Tage bei Blochs in Leipzig. Es tat mir not. Man bringt nach Gesprächen mit Ernst einen Sauerstoffvorrat nach Hause, der für eine kleine Weile das Atmen leichter macht. Seine Vitalität – damit ist beides gemeint: seine mächtige geistige Spannkraft wie seine erstaunliche körperliche Robustheit – ist phänomenal. Wenn es zwei Uhr nachts wurde, vermochte ich ihm nicht mehr zu folgen, aber er verströmte sich bis drei Uhr oder vier Uhr weiter und setzte sich dann noch für zwei Stunden an den Schreibtisch; doch um neun Uhr morgens, wenn ich übernächtig, mein Gehirn noch verklebt, zum Frühstück kam, war er wieder ganz da. Der Dreck des Alltags zehrt nicht an ihm, er geht hindurch, ohne sich umzusehen, ohne ihn zu bemerken.

Aus: «Deutsches Tagebuch». München 1959

MARTIN WALSER

In einer Zeit, in der es weniger wissenschaftlich hergegangen wäre, in der man keine Philosophie zur Ausbreitung und Entwicklung einer so unbändigen Hoffnungsnatur gebraucht hätte, wäre Bloch vielleicht Religionsstifter oder Prophet oder Apostel oder Revolutionär geworden, so aber, um seiner eschatologischen Hoffnung irdisches Schrittmaß und heute notwendige Wissenschaftlichkeit beizubringen, ist er Marxist geworden, ist aber doch ein Prophet geblieben, wenn auch einer mit Marx- und Engelszungen: zornig singend gegen den «riesengroßen Schlaf der Dummheit oder Disparatheit in dem so schweren Fahrwasser unserer Prozeßwelt».

Die Hoffnung wird also marxistisch auf Kiel gelegt, erhält rote Segel, die Instrumente sind östlich geeicht, Bloch erfindet noch ein paar neue, schöne dazu: Die Fahrt kann beginnen! ... Aber diese Ausfahrt ist nicht *Sightseeing*, sie ist «Konstruktion», sie ist Umfunktionierung des Alten in Noch-Brauchbares, Heraussprengung zukunftsträchtiger Kerne. Und da erweist es sich einige Male, daß Bloch ein seltsamer, ein so noch nicht dagewesener Marx ist. Wenn er zum Beispiel die Technik in Vergangenheit und Gegenwart betrachtet und sich nicht helfen kann, die nicht euklidische Technik immer wieder zu kritisieren wegen ihrer Unanschaulichkeit, wegen ihres «immer weiteren Überhangs in vermathematisiertes Niemandsland». Er trauert den verschwundenen qualitativen Naturbegriffen nach, er will materielle Gesetze, den Glauben, daß es wirklich so ist; verhaßt sind ihm Gesetze, die, relativitätsbewußt, nur von Zusammenhängen, von statistischen Wahrscheinlichkeiten handeln, die sich selbst als Konvention, als Benennung, verstehen ...

Aber was ihn über den Marxismus hinausträgt, das ist seine Sehnsucht nach dem Subjekt der Natur, das er mit dem Menschen vermittelt sehen will; der bürgerliche Dompteursstandpunkt (Schillers Glocke!) soll überwunden, eine *natura naturans* gefunden, die schöpferische Materie aus der Abstraktheit relativierter Gesetze erlöst und zur Mitproduktivität befreit werden. Natürlich ist sein «Subjekt der Natur» in ein ebenso großes Inkognito gehüllt wie der eigentlich erwünschte Kern des Menschen, der mit diesem Natursubjekt vermittelt werden soll ...

Heisenberg und Hölderlin in einer Person, das wäre wahrscheinlich der Mann, der jenes Inkognito in Bloch gemäßer Weise formulieren und die Vermittlung leisten könnte.

Aus: «Süddeutsche Zeitung» vom 26./27. September 1959

GERSOM SCHOLEM

Ich möchte Ernst Bloch, einem alten, zum Weisen gewordenen, unruhigen Kopf meine Ehrfurcht bezeugen, obwohl ich eher zu denen gehöre, an deren Beifall ihm wenig gelegen sein konnte und deren Tadel ihm kaum Anlaß zu kritischer Besinnung hätte geben können. Die Wasser, die uns trennten, waren viel zu flach, als daß sie die Tiefe hergegeben hätten, in der eine wirkliche Begegnung sich vollzieht.

Und doch gehört die erste Begegnung, die wir 1919 in Interlaken in den Tagen hatten, als ich schon entschlossen war, mein forschendes Leben der Erkenntnis des Judentums zu widmen – ein nächtliches, vielstündiges, teilweise stürmisch verlaufenes Gespräch –, zu den unvergessenen Stunden meiner Jugend. Ihr Auftakt verdient hier festgehalten zu werden, weil er mir in den ersten Minuten, in denen ich Bloch traf, einen unerwarteten Blick gerade in meine eigene geistige Welt eröffnete.

Der junge Bloch, eine in seiner Leiblichkeit und Geistigkeit überwältigende Erscheinung, war ein das Barocke nicht scheuender Stürmer in die Apokalypse und in die Vision, in der die mystischen Bilder, in denen er so schwelgte, starben. Der Neunzigjährige ist ein blinder Seher geworden, ein Meister, der den Kampf mit dem Drachen, in dem er 40 Jahre stand, überlebt hat und ein Weiser geworden ist, im Sinn der alten jüdischen Definition des «Alten Mannes» als desjenigen, der da «Weisheit erworben hat», ein Gut, über dessen Unerfindlichkeit sich schon Hiob beschwert hat.

Aus: «Der Spiegel», 29. Jg., Nr. 28, 7. Juli 1975, S. 110f

BIBLIOGRAPHIE

Die Werke von Ernst Bloch sind erschienen in der Gesamtausgabe (Frankfurt a. M. 1959 f); außerdem in zahlreichen Einzel-, Auswahl- und Taschenbuchausgaben, denen der Text der Gesamtausgabe in den meisten Fällen zugrunde gelegt ist. Eine Zusammenstellung der Erstdrucke findet sich in der Festschrift zum 80. Geburtstag Ernst Blochs: «Ernst Bloch zu ehren». Frankfurt a. M. 1965. S. 395 f in chronologischer Reihenfolge. Die Gesamtausgabe gliedert sich in sechzehn Bände:

Band 1 *Spuren*
        2 *Thomas Münzer als Theologe der Revolution*
        3 *Geist der Utopie* (2. Fassung von 1923)
        4 *Erbschaft dieser Zeit*
        5 *Das Prinzip Hoffnung* (in zwei Halbbänden)
        6 *Naturrecht und menschliche Würde*
        7 *Das Materialismusproblem – seine Geschichte und Substanz*
        8 *Subjekt–Objekt – Erläuterungen zu Hegel*
        9 *Literarische Aufsätze*
      10 *Philosophische Aufsätze zur objektiven Phantasie*
      11 *Politische Messungen – Pestzeit, Vormärz*
      12 *Zwischenwelten in der Philosophiegeschichte (Aus Leipziger Vorlesungen)*
      13 *Tübinger Einleitung in die Philosophie*
      14 *Atheismus im Christentum*
      15 *Experimentum Mundi – Frage, Kategorien des Herausbringens, Praxis*
      16 *Geist der Utopie* (Faksimile der ersten Ausgabe von 1918)

Die Erstfassungen der politischen Aufsätze aus den Jahren 1934 bis 1939 sind erschienen als Bd. 534 der edition suhrkamp unter dem Titel: *Vom Hazard zur Katastrophe*. Frankfurt a. M. 1972.

Gespräche mit Ernst Bloch erschienen als Bd. 798 der edition suhrkamp (Frankfurt a. M. 1975), hg. von Reiner Traub und Harald Wieser.

Aus Anlaß des 70. und des 80. Geburtstags von Ernst Bloch erschienen Festschriften, aus Anlaß des 90. Geburtstags eine Sammlung von Arbeiten, die die Wirkung Ernst Blochs dokumentieren. Nach seiner Emeritierung in Leipzig wurde ein Sammelband mit «kritischen Auseinandersetzungen marxistischer Wissenschaftler mit der Blochschen Philosophie» in der DDR veröffentlicht.

Festschrift Ernst Bloch zum 70. Geburtstag. Hg. von Rugard Otto Gropp. Berlin 1955.

Ernst Blochs Revision des Marxismus. Hg. von Johannes Heinz Horn. Berlin 1957.

Ernst Bloch zu ehren. Hg. von Siegfried Unseld. Frankfurt a. M. 1965.

Über Ernst Bloch. Frankfurt a. M. 1968.

Ernst Blochs Wirkung. Ein Arbeitsbuch zum 90. Geburtstag. Frankfurt a. M. 1975.

Tagträume vom aufrechten Gang. Hg. von Arno Münster. Frankfurt a. M. 1977 (edition suhrkamp 920)

In «Ernst Blochs Wirkung» (S. 461–483) findet sich eine ausführliche Bibliographie der Sekundärliteratur, zusammengestellt von BURGHART SCHMIDT. Sie wurde der nachstehenden Bibliographie zugrunde gelegt und ergänzt. In unsere Bibliographie wurden nicht aufgenommen: Publikationen in Zeitungen und Sendungen in Rundfunkanstalten; Rezensionen von Schriften Blochs; wohl aber selbständige Publikationen über Bloch sowie Aufsätze aus Fachorganen und Zeitschriften und einige Werke, in denen sich größere zusammenhängende Partien über Bloch finden.

Sekundärliteratur
(Auswahl)

ABENDROTH, FRIEDRICH: Ernst Blochs «Das Prinzip Hoffnung». In: Europäisches Forum. Wien 1965
Heim nach Tübingen. In: Neues Forum, April 1971
ADORNO, THEODOR W.: Große Blochmusik. In: Neue deutsche Hefte 69, April 1969
Blochs Spuren. In: Noten zur Literatur II. Frankfurt a. M. 1961. S. 131–151
ALBRECHT, HERBERT: Deutsche Philosophie heute. Bremen 1969. S. 119–126
BAHR, EHRHARD: Ernst Bloch. Berlin 1974
BAHR, HANS DIETER: Ontologie und Utopie. In: Praxis 4 (1968), S. 164–175
BARTSCH, GÜNTHER: Die Welt als Labor. In: Geist und Tat Jg. 24/1969, H. 3, S. 142–147
BAUMGART, REINHARD: Ernst Blochs «Erbschaft dieser Zeit». In: Neue Rundschau, Jg. 74/1963, H. 2
BEKKER, PAUL: Musik und Philosophie. In: Zeitschrift für Bücherfreunde, 1919
BENSE, MAX: Hegel marxistisch gedeutet. In: Neue literarische Welt, 10. Februar 1951
Rationalismus und Sensibilität. Baden-Baden 1956
BENSELER, FRANK: Der Bürgerrebell. Zu Ernst Blochs 80. Geburtstag. In: Merkur, Jg. 19/1965, H. 7
Ein Lokalpatriot der Kultur: Georg Lukács. In: Festschrift zum 80. Geburtstag. Berlin 1965/66
BEVILAQUA, G.: Nota sul «Das Prinzip Hoffnung» di Bloch. In: Studi urbinati 30 (1960)
BIRKENHAUER, KLAUS: Die vermauerte Hoffnung. Ernst Bloch und seine Philosophie. In: Christ und Welt 39, September 1961
BLAIN, LIONEL: Deux philosophies centrées sur l'espérance: celle de Gabriel Marcel et celle d'Ernst Bloch. In: Concilium 70 (1970), S. 87–92
BLASS, ERNST: Durch die Wüste. In: Neue Rundschau, Berlin 1924
Ernst Bloch und Georg Lukács im Gespräch mit I. Fetscher, J. B. Metz und J. Moltmann. In: Neues Forum 167/68 (1967)
BODEI, REMO: Ernst Bloch e la «scienza della speranza». In: Il Mulino 224 (1972)
Introduzione zu: «Ernst Bloch, Karl Marx». Italienische Übersetzung bei Il Mulino. Bologna 1972
BOEHLICH, WALTER: Blochs Träume vom besseren Leben. Zum «Prinzip Hoffnung». In: Suhrkamp Morgenblatt 14 (2. November 1959)
BONDY, FRANÇOIS: Conscience et Histoire. In: Preuves 4/1958, H. 86, S. 86 ff

BOROS, LADISLAUS: Begriffene Hoffnung. In: Orientierung 25 (1961)

BORTOLASO, G.: Speranza de escatologia. In: La civiltà cattolica IV (1971), S. 227–234

BRAATEN, CARL E.: Toward a Theology of Hope. In: Theology Today, Jg. XXIV/1967, H. 2, S. 206–226. Wieder abgedruckt in: New Theology 5 (New York 1968), S. 90–111

Ernst Blochs Philosophy of Hope. In: The Futurist Option. Hg. von C. BRAATEN und R. W. JENSEN. Westminster 1970

BREINES, PAUL: Bloch Magic. In: Continuum, Jg. VII/1970, H. 4, S. 619–624

BRENTANO, MARGHERITA VON: Anwalt der Hoffnung: Ernst Bloch. In: Welt und Wort, Jg. 22/1967, S. 365–366

BRÜGGEMANN, HEINZ: Literarische Technik und soziale Revolution. Reinbek 1973 (= das neue buch. 33). S. 201–211

BÜTOW, HELLMUTH: Philosoph in dieser Zeit. Zur Lebensgeschichte von Ernst Bloch. In: Kommunität 17 (Januar 1961)

Philosophie und Gesellschaft im Denken Ernst Blochs. Berlin 1963

BUHR, MANFRED: Der religiöse Ursprung und Charakter der Hoffnungsphilosophie Ernst Blochs. In: Deutsche Zeitschrift für Philosophie, Jg. 6/1958, H. 4

Kritische Bemerkungen zu Ernst Blochs Hauptwerk «Das Prinzip Hoffnung». In: Deutsche Zeitschrift für Philosophie, Jg. 8/1960, H. 4

A Critique of Ernst Blochs Philosophy of Hope. In: Philosophy Today 4 (1970)

BURI, FRITZ: Ernst Blochs «Prinzip Hoffnung» und die Hoffnung im Selbstverständnis des christlichen Glaubens. In: Reformatio, Jg. 15/1966, H. 4

CAFFARENA, JOSÉ GOMEZ: La speranza como principio. In: Pensiamento 27 (1971)

CAPPS, WALTER H.: (Hg.): The Future of Hope. Philadelphia 1970

An Assessment of the Theological Side on the School of Hope. In: Cross Currents, Jg. XVIII/1968, H. 3

The Hope Tendency. In: Cross Currents, Jg. XVIII/1968, H. 3, S. 257–272 [Bibliographie]

Vertical v. Horizontal Theology: Bloch-Dewart-Irenaeus. In: Continuum V/1968, H. 4, S. 616–633

CÖSTER, HENRY: Människa hopp befrielse. Lund 1975

CONTRI, SIRO: Ernst Bloch. Dialettica e speranza. In: Rivista rosminiana 63 (1969)

COUBIER, HEINZ: Märtyrer der Hoffnung. In: Merkur, Jg. 77, H. 165, S. 1097–1099

COX, HARVEY: Ernst Bloch oder Ein Atheist lehrt Theologen. In: Neues Forum, Jg. 17/1970, H. 196, S. 427–430

Ernst Bloch and the Pull of the Future. In: New Theology. Hg. von E. MARTY und D. G. PEERMAN Nr. 5 (New York 1968), S. 191–203. Wieder abgedruckt als Einleitung zu: Ernst Bloch, Man on His Own. New York 1970

DAECKE, SIGURD MARTIN: Hoffen und Kämpfen. In: Kirche in der Zeit. Evangelische Kirchenzeitung, Jg. 22/1967, H. 11

DAMUS, RENATE: Ernst Bloch. Hoffnung als Prinzip – Prinzip ohne Hoffnung. Meisenheim am Glan 1971

DEBELJAK, BOZIDAR: Ernst Bloch. In: Problemi, Jg. 2/1962

Leganda o Blochu. In: Problemi, 1963

DE SANCTIS, NICOLA: Bloch: Dialettica e speranza. In: Aut-Aut 112 (1969)

DIWALD, HELLMUT: Der hoffende Mensch. Von Abraham bis zum «Prinzip Hoffnung». In: Daß dein Ohr auf Weisheit achte. Jüdische Beiträge zum Menschenbild. Wuppertal 1966, S. 90–120

Döhl, Reinhard: Verführt in Hoffnung. In: Notizen. Dezember 1960

Endres, Josef: Die Hoffnung bei Ernst Bloch. In: Studia moralica, Academia Alfonsia, Vol. 7/1967

Eucken-Erdsieck, Edith: Prinzip ohne Hoffnung. In: Philosophisches Jahrbuch der Görres-Gesellschaft, Jg. 70/1962, H. 9

Ferenczi, Rosemarie: Préface zu «Ernst Bloch, Thomas Münzer». Französische Übersetzung bei Julliard. Paris 1964

Fergnani, Franco: L'incantesimo dell'anamnesis. Bloch su Hegel. In: Aut-Aut 125 (1971)

Fetscher, Iring: Das Verhältnis des Marxismus zu Hegel. In: Marxismusstudien 3 (1960), Kap. III
Ernst Bloch und Georg Lukács. In: Neues Forum, Jg. 14/1967, H. 167/168, S. 837–843

Fiorenza, Francis P.: Dialectical Theology and Hope. In: The Heythrop Yournal 9 (1968), 10 (1969)

Frenzel, Ivo: Philosophie zwischen Traum und Apokalypse. In: Frankfurter Hefte Jg. 15/1960, H. 7, 8

Friedrix, Hieronymus: Gott in der marxistischen Philosophie Ernst Blochs. In: Die Besinnung. Jg. 24/1969, S. 88–93

Furter, Pierre: L'espérance selon Bloch. In: Revue de Theologie et de Philosophie, Jg. 98/1965, H. 5, S. 286–301
Utopie et marxisme selon Ernst Bloch. In: Archives de sociologie des religions. Jg. 11/1966, H. 21
Utopia and marxism according to Bloch. In: Philosophy Today 4 (1979)

Galeazzi, Umberto: La filosofia della speranza o della disperazione?. In: Filosofia e teologia della speranza. Padova 1973

Goldschmidt, Hermann Levin: «Das Prinzip Hoffnung». Zum Werke Ernst Blochs. In: M. B., Tel Aviv, Jg. 4/22. Januar 1960

Gollwitzer, Helmut: Die Existenz Gottes im Bekenntnis des christlichen Glaubens. 2. Teil: Ernst Blochs atheistische Deutung der biblischen Rede von Gott. München 1964
Maßstäbe für Ernst Bloch. In: Neues Forum, April 1972

Gomez Caffarena, José: La speranza como principio. In: Pensiamento 27 (1971)

Green, Ronald M.: Ernst Bloch's Revision of Atheism. In: Journal of Religion, Chicago, Jg. III, Vol. 49/1969, H. 2, S. 128–135

Grlič, Danko: Ernst Bloch – filosof nade. In: Republika. Jg. 15/1959, H. 1

Gropp, Rugard Otto: Die marxistische dialektische Methode und ihr Gegensatz zur idealistischen Dialektik Hegels. In: Deutsche Zeitschrift für Philosophie, Jg. 2/1954, H. 1
Ernst Blochs Hoffnungsphilosophie – Eine antimarxistische Welterlösungslehre. In: Ernst Blochs Revision des Marxismus. Berlin 1957
Mystische Hoffnungsphilosophie ist unvereinbar mit dem Marxismus. In: Forum 6 (1957)

Gross, David: Marxism and Utopia: Ernst Bloch. In: Towards a New Marxism. Hg. von Bert Grahl und Paul Piccone. St. Louis 1973

Grossner, Claus: «Das Prinzip Hoffnung». In: Verfall der Philosophie. Hamburg 1971

Habermas, Jürgen: Ein marxistischer Schelling. Zu Ernst Blochs spekulativem

Materialismus. In: Theorie und Praxis. Sozialphilosophische Studien – Politica Bd. 11. Berlin 1963 ; – vorher in: Merkur 11 (1960)

HAGER, KURT: Der Kampf gegen bürgerliche Ideologie und Revisionismus. In: Forum 3/4 (Februar 1957)

HANSEN, KNUD: En ny marxistik filosofi. In: Dansk Udsyn, Jg. 44/1964, H. 5

HEER, FRIEDRICH: Ein Denker des Menschen. In: Magnum, September 1960
Vision der Zukunft in Rot und Gold. In: Hochland, Oktober 1960

HEINITZ, KENNETH: Theology of Hope According to Ernst Bloch. In: Dialog VII/1968, H. 7, S. 34–41

HIERONIMUS, FRIEDRICH: Gott in der marxistischen Philosophie Ernst Blochs. In: Die Besinnung, Jg. 24/1969, S. 88–93

HÖFLICH, EGBERT: Zu Ernst Blochs «Prinzip Hoffnung». In: Philosophisches Jahrbuch, Vol. 69/II/1961–62

HOLZ, HANS HEINZ: Der Philosoph Ernst Bloch und sein Werk «Das Prinzip Hoffnung». In: Sinn und Form, 7. März 1955
Der eschatologische Marxist. Ernst Bloch zum 80. Geburtstag. In: Stimme der Gemeinde zum kirchlichen Leben, zur Politik, Wirtschaft und Kultur, Jg. 17/1965, H. 13, S. 401–405
Einleitung zu «Ernst Bloch. Auswahl aus seinen Schriften». Frankfurt a. M. 1967
Logos spermatikos. Ernst Blochs Philosophie der unfertigen Welt. Darmstadt– Neuwied 1975

HÖRGEL, CHARLOTTE: Rebellion auf Hoffnung. In: Münchener theologische Zeitschrift, Jg. 19/1968, S. 49–53

HOSSFELD, PAUL: Die Stellung der christlichen Religion in der marxistischen Anthropologie von Ernst Bloch. In: Theologie und Glaube, Jg. 56/1966, H. 6

HURBON, LAËNNEC: Ernst Bloch. Utopie et espérance. In: Lettre 190/191 (20. Mai 1974)

INSELMANN, CLAUS: Marxismus als Philosophie der Hoffnung. In: Neue Gesellschaft, Jg. 7/1960, H. 4
Ein Ketzer hofft. In: Neue Gesellschaft, Jg. 7/1960, H. 4

JÄGER, ALFRED: Reich ohne Gott. Zur Eschatologie Ernst Blochs. Zürich 1969

JAMESON, FREDERIC: Marxism and Form. Princeton University Press, 1971, Kap. II, 3: «Ernst Bloch and the Future»

JANSOHN, HEINZ: Utopische Hoffnung in der Immanenz – Kritische Hoffnung in der Transzendenz. Ein Vergleich zwischen Bloch und Kant. In: Trierer theologische Zeitschrift, Jg. 81/1972, H. 1

KAHL, W.: «Geist der Utopie». In: Die Musik 16 (1924)

KAISER, HORST HELMUT: Subjekt und Gesellschaft. Studie zum Begriff der Utopie. Frankfurt a. M. 1960

KALTENBRUNNER, GERD-KLAUS: Prinzipielle und experimentelle Utopie? Ernst Blochs Messianismus. In: Wort und Wahrheit. Monatsschrift für Religion und Kultur, Jg. 24/1969, S. 257–262

KANGRA, MILAN: Haika na Ernsta Blocha. In: Prisutnosti II/1958

KAUFMANN, HARALD: Ernst Bloch, der rote Prometheus. In: Neue Zeit, 26. Juni 1965

KEMPSKI, JÜRGEN VON: Hoffnung als Kritik. Zur Philosophie Ernst Blochs. In: Neue deutsche Hefte 3 (1960)
Hoffnung als Kritik. Zur Philosophie Ernst Blochs. In: Brechungen. Reinbek

1964 (= Rowohlt Paperback. 31)

KERSTIENS, FERDINAND: Hoffnungsstruktur des Glaubens. Mainz 1969
La théologie de l'ésperance actuellement en Allemagne; une critique bibliografique. In: Concilium 59 (1970), S. 93–101

KIMMERLE, HEINZ: Eschatologie und Utopie im Denken von Ernst Bloch. In: Neue Zeitschrift für systematische Theologie und Religionsphilosophie 7 (1965)
Die Zukunftsbedeutung der Hoffnung. Auseinandersetzung mit dem Hauptwerk Ernst Blochs. Bonn 1966

KOCBEK, EDVARD: Problemazioni – Ernst Bloch. In: Sodobnost 1/2 (1963)

KRÄNZLE, KARL: Utopie und Ideologie. Gesellschaftskritik und politisches Engagement im Werk Ernst Blochs. Bern 1970

KREMER, KLAUS: E. Bloch: Träume vom besseren Leben – Hoffnung und Utopie. In: Trierer theologische Zeitschrift, Jg. 81/1972, H. 6

KRIEGER, EVELINA: Grenzwege. Das Konkrete in Reflexion und Geschichte von Hegel bis Bloch. Freiburg 1968

KURELLA, ALFRED: Zur Theorie der Moral. Eine alte Polemik mit Ernst Bloch. In: Deutsche Zeitschrift für Philosophie, Jg. 6/1958, H. 4

LENK, KURT: Ernst Bloch und der SED-Revisionismus. In: Moderne Welt 1 (1964)

LESER, NORBERT: Keine Heimat für Ernst Bloch. In: Neues Forum (Wien). 96 (1961)

LEY, HERMANN: Ernst Bloch und das Hegelsche System. In: Einheit 12 (1957)

LIEBER, H. J.: Utopie und Selbstaufklärung der Gesellschaft. Reflexionen über Ernst Blochs «Das Prinzip Hoffnung». In: Philosophie, Soziologie, Gesellschaft. Berlin 1965. S. 164–185

LÖTHER, R.: Die marxistische Auffassung vom Menschen und die Unwissenschaftlichkeit sowie der Klassenkampf der philosophischen Anthropologie, dargestellt am Beispiel der Auffassung Arnold Gehlens, Eduard Hengstenbergs und Ernst Blochs. In: Wissenschaftliche Zeitschrift der Universität Halle-Wittenberg, Jg. 8/1958, H. 4/5

LOMBARDI, FRANCO: Ernst Bloch o della speranza. In: De Homine 26 (1968)
Bloch, Ernst. In: The Encyclopedia of Philosophy. New York–London 1967. t. l., kol. 321–323

LORENZ, K.: Hoffnung als Wissenschaft. Die Philosophie Ernst Blochs. In: Deutsche Universitätszeitung 12 (1957), S. 9–11

LÜBBE, H.: Zur Marxistischen Auslegung Hegels. In: Philosophische Rundschau 2 (1954/55), S. 54–60

LUDZ, PETER: Religionskritik und utopische Revolution. In: Probleme der Religionssoziologie (Kölner Zeitschrift für Soziologie, Sonderheft 6), 1962, S. 313–335

MAIHOFER, WERNER: Ernst Blochs Evolution des Marxismus. In: Die neue Gesellschaft, Jg. 15/1968, S. 259–266
Laudatio für Ernst Bloch. In: Konstanzer Blätter für Hochschulfragen, Jg. 6/1968, H. 2

MANCINI, ITALO: La metareligione di Ernst Bloch e il conflitto delle teologie. In: Filosofia e teleologia della speranza, Padova 1973
Ernst Bloch, I. Teoria della speranza. II. Filosofia della religione. In: Rivista di filosofia neo-scolastica. 1973, fasc. III, S. 423–470; fasc. IV, S. 661–710

MANTHEY, FRANZ: Die Religionstheorie von Ernst Bloch. In: Königsteiner Studien, Jg. 14/1968, S. 1–20

MARCUS, WOLFGANG: Ernst Bloch und das katholische Bewußtsein. In: Der katholische Gedanke, Jg. 22/1966, S. 63–67

MARKOV, WALTER: Die Utopie des Citoyen. In: Aufbau 7 (1955)

MARSCH, WOLF-DIETER: Eritis sicut Deus. Das Werk Ernst Blochs als Frage an christliche Ethik. In: Kommunität (Berlin), Januar 1961; Kerygma und Dogma 3 (1961)
Hoffen worauf? Auseinandersetzung mit Ernst Bloch. Hamburg 1963
Ernst Bloch. In: Tendenzen der Theologie im 20. Jahrhundert. 1966. S. 258–263
Zukunft. Stuttgart 1969. Kap. II, 3 a

MASCHI, S.: L'utopia messianica di Ernst Bloch. In: Letture, 1971, S. 497–500

MAYR, FRANK K.: Ernst Bloch – eine Frage an die Christenheit. In: Tijdschrift voor philosophie. 71 (1963)

MELANDRI, ENZO: Una filosofia dell'utopia: la «docta spes» di Ernst Bloch. In: Il Mulino, Dezember 1960

METZ, JOHANNES B.: God before Us Instead of a Theological Argument. In: Cross Currents, Jg. XVIII/1968, H. 3, S. 295–306
The Responsibility of Hope. In: Philosophy Today, Jg. X/1966, H. 4, S. 280–288
Verantwortung der Hoffnung. In: Stimmen der Zeit, Juni 1966, S. 451–462

MINDER, ROBERT: Dichter in der Gesellschaft. Erfahrungen mit deutscher und französischer Literatur. Frankfurt a. M. 1966

MORF, OTTO: Ernst Bloch und die Utopie. In: Neue Deutsche Literatur, Jg. 3/1955, H. 4

MORRA, GIANFRANCO: Ernst Bloch. La «docta spes» come ateismo cristiano. In: Ethica 10 (1971)

MÜLLER-STRÖMSDÖRFFER, ILSE: L'art pour l'espoir. Ernst Blochs Ästhetik des Utopischen. Studien zum Bild eines Ideals. In: Probleme der Kunstwissenschaft, Vol. 2/1966, S. 323–352

MUMINOVIČ, RASIM: Philosophie der Heimat. In: Praxis 4 (1966)
Filoszofija Ernsta Blocha. Beograd 1973
Utopicum als Indikation der Krise des Humanismus. In: Praxis 1/2 (1972)

NEGT, OSKAR: Ernst Bloch. Der deutsche Philosoph der Oktoberrevolution. In: ERNST BLOCH, Vom Hazard zur Katastrophe. Frankfurt a. M. 1971

NENNING, GÜNTHER: Begegnung mit Ernst Bloch. In: Zukunft (Wien), November 1962

O'COLLINS, GERALD: Man and His New Hopes. New York 1969. S. 23 f
The Principle and Theology of Hope. In: Scottish Journal of Theology, XXI/1968, H. 2, S. 129–144
«Spes Quaerens Intellectum». In: Interpretation, XII/1968, H. 1, S. 36–52

OEDINGEN, G.: Der Begriff der Wahrheit und das Bekenntnis der Wahrheit. In: Tijdschrift voor philosophie, Jg. 30/1968, H. 1, S. 164–168

OLLES, HELMUT: Der Marxismus und die Träume vom besseren Leben. In: Frankfurter Hefte, Jg. 10/1955, H. 4
Die Welt verändern. In: Frankfurter Hefte, Jg. 11/1956, H. 10

OTTO, STEPHAN: Symbolik und Utopik. Ernst Bloch als der Theoretiker der symbolisierenden Vernunft. In: Hochland 62 (1970)

PACI, ENZO: Considerazioni attuali su Bloch. In: Aut-Aut 125 (1971)

PAETZOLD, HEINZ: Neomarxistische Ästhetik I: Bloch–Benjamin. Düsseldorf 1974

Pasterk, Ursula: Utopie und Religion. Ernst Bloch zum 85. Geburtstag. In: Wissenschaft und Weltbild 23 (1970)
Die Utopie vom Reich der Freiheit. In: Marxismus – Christentum. Mainz 1974. S. 152–167

Pejovič, Danilo: Pojam napretka kod Ernsta Blocha. In: Naše teme 2 (1960)
Dva Marxisticka pristupa Hegelu. In: Naše teme 3 (1960)
Potraga za bitkom kao hermeneutika nade (utopijska filosofija Ernsta Blocha). In: Tübingenski uvod. Beograd 1966

Penzo, Giorgio: Riflessioni sulla dimensione ontologica della speranza blochiana. In: Filosofia e teologia della speranza. Padova 1973

Perels, Joachim: Ernst Bloch, «Naturrecht und menschliche Würde». In: Kritische Justiz 1 (1972)

Pérez, Justo: Introducción a Bloch. In: Convivium 26 (1968)

Perlini, Tito: Metafisica e utopia in Bloch. In: Aut-Aut 125 (1971)

Piccone, Paul: Bloch's Marxism. In: Continuum, VII/1970, H. 4, S. 627–631

Pieretti, A.: Ernst Bloch, Ateismo nel cristianesimo. In: Proteus 2 (1971)

Pieper, Josef: Hoffnung und Geschichte. München 1967. S. 81–102.

Plattel, M. G.: Ernst Bloch. In: Filosofen van de 2⁰ eeuw. Amsterdam 1972

Poglavje, Treče: Ernst Bloch. Historija Marksizma. Zagreb 1951

Prastaro, Anna Maria: Umanesimo, cosmologismo e filosofia della speranza di fronte al problema religioso. In: Filosofia e teologia della speranza. Padova 1973

Raddatz, Fritz J.: Nicht Eschaton, sondern aufrechter Gang. Zu Ernst Blochs politischen Aufsätzen. In: Merkur 281 (1971)

Ratschow, Carl Heinz: Atheismus im Christentum? Eine Auseinandersetzung mit Ernst Bloch. Gütersloh 1970

Reding, Marcel: Utopie, Phantasie, Prophetie – das «Prinzip Hoffnung» im Marxismus. In: Frankfurter Hefte 1 (1961)

Reinicke, Helmut L.: Materie und Geschichte. Kronberg 1975
Ware und Dialektik. Neuwied 1974 (Kap. IV)

Reinschmidt, H.: Progression und Regression. Ernst Bloch und die Tiefenpsychologie. In: Wege zum Menschen, Jg. 22/1970, H. 10–11

Ripanti, Graziano: L'ermeneutica della teologia della speranza. In: Filosofia e teologia della speranza. Padova 1973

Rivera de Ventosa: Ernst Bloch, Religion im Erbe. In: Naturaleza y Gracia 16 (1969)

Roeder von Diersburg, E.: Zur Ontologie und Logik offener Systeme – Ernst Bloch vor dem Gesetz der Tradition. Berlin 1967

Rühle, Jürgen: Die Dämmerung nach vorn. Über den Philosophen Ernst Bloch. In: Der Monat, Jg. 10/1958, H. 120
Literatur und Revolution. Die Schriftsteller und der Kommunismus. Köln 1960

Sáncez, R.: Ernst Bloch, Avicena y la izquierda aristotelica In: Aporia 2 (1966)

Sauter, Gerhard: Der verborgene Mensch. Zur Bestimmung des Menschen bei Ernst Bloch und die theologische Anthropologie. In: Zeitwende. Die neue Furche, Jg. 37/1966, S. 832–840
Zukunft und Verheißung. Das Problem der Zukunft in der gegenwärtigen theologischen und philosophischen Diskussion. Zürich–Stuttgart 1965. S. 60f, 134–136, 140–144, 250–251, 277–368

Schilling, S. Paul: Ernst Bloch: Philosopher of the Not-Yet. In: The Christian Century, LXXXIV/1967, H. 46, S. 1455–1458

SCHMIDT, BURGHART: Gegen die gängige Verwechselung konkreter Utopie mit technischer Planung. In: Werk/Œuvre, September 1973
The Politics of Epistemology. In: Telos (St. Louis) 21 (1974)

SCHMIDT, GERHARD: Ernst Bloch und der Friede. In: Die neue Ordnung in Kirche, Staat, Gesellschaft und Kultur, Jg. 22/1968, S. 28–37

SCHOLZ, GÜNTHER: Sprung. Zur Geschichte eines philosophischen Begriffs. In: Archiv für Begriffsgeschichte 11 (1967), S. 206–237

SCHONAUER, FRANZ: Expressionismus und Faschismus, II. Teil – Auseinandersetzung im Anschluß an die Diskussionen von Bloch und Lukács. In: Literatur und Kritik 8 (1966)

SCHREITER, ROBERT: Ernst Bloch: the man and his work. In: Philosophy Today 4 (1970)

SCHUBARDT, WOLFGANG: Die neuesten Arbeiten von Ernst Bloch und die Kafka-Diskussion. In: Wissenschaftliche Zeitschrift der F. Schiller-Universität Jena/Thüringen 3 (1964)

SCHULZ, ROBERT: Kritisches zum Fortschrittsbegriff Ernst Blochs. In: Deutsche Zeitschrift für Philosophie, 5. April 1957

SCHUMACHER, JOACHIM: Anmerkungen zur Vorgeschichte des Begriffes Nichts bei Hegel und seine Aufhebung durch Marx und Ernst Bloch. In: Praxis 8 (1971)

SCHÜTZ, PAUL: Charisma Hoffnung. Von der Zukunft der Welt. Hamburg 1962

SCHWERDTFEGER, ERICH: Der Begriff der Utopie in Blochs «Abriß der Sozialutopien». In: Neue Zeitschrift für systematische Theologie und Religionsphilosophie 3 (1965)
Der Begriff der Utopie im Denken von Ernst Bloch. In: Neue Zeitschrift für systematische Theologie und Religionsphilosophie 7 (1965)

SCHWONKE, MARTIN: Vom Staatsroman zur Science Fiction. Stuttgart 1957. S. 114–120

SEEHOF, ARTHUR: Von der Utopie zur Wissenschaft und Wirklichkeit. In: Wirtschafts- und Sozialwissenschaftliche Korrespondenz 15. August 1959

SEIM, JÜRGEN: Bloch unter den Propheten. In: Theologischer Jahresbericht. München 1962

SKRIVER, A.: Ernst Bloch zur Feier. In: Liberale Beiträge zur Entwicklung einer freiheitlichen Ordnung, Jg. 9/1967

SOLOMON, MAYNARD: Marxism and Art. New York 1973. S. 567–575
Marx and Bloch: Reflexions on Utopia and Art. In: Telos (St. Louis) 13 (1972)

SPLETT, JÖRG: Docta spes. Zu Ernst Blochs Ontologie des Noch-Nicht-Seins. In: Theologie und Philosophie, Jg. 54/1969, H. 3, S. 383–394

STÖHR, M.: Ernst Bloch, Marx und die Revolution. In: Zeitschrift für evangelische Ethik 2 (1972)

STROLZ, WALTER: Der Marxist und die Hoffnung. Einige Überlegungen zu dem Werk Ernst Blochs. In: Wort und Wahrheit 10 (1960), S. 573–584
Das Problem bei Freud, Wittgenstein, Bloch. In: Der moderne Atheismus. Hg. von LUDWIG KLIN. München 1970. S. 23–35

TADIČ, LJUBOMIR: Misao Lukasca i Blocha. Danilo Pejovič: Kasna zetva Ljubomir Tadič, Pirodnopravo i socijalna utopija. In: Praxis 3 (1966)

TJADEN, KARL HERMANN: Zur Naturrechts-Interpretation Ernst Blochs. In: Archiv für Rechts- und Sozialphilosophie 4 (1962)

TRINIUS, REINHOLD: Idee der Humanität im Denken von Ernst Bloch. In: Europäische Bewegung, November 1964

TRIPP, GÜNTHER MATTHIAS: Absurdität und Hoffnung. Zum Werk von Albert Camus und Ernst Bloch. Berlin 1968

TUCHEL, KLAUS: Technik und Utopie. Dem Philosophen Ernst Bloch zum 80. Geburtstag. In: VDI-Nachrichten 27 (1965)

UEDING, GERT: Schein und Vor-Schein in der Kunst. Zur Ästhetik Ernst Blochs. In: Neue deutsche Hefte, Jg. 14, S. 109–129
Fragment und Utopie. In: Der Monat 238 (1968)
Mutmaßungen über Mutmaßungen. In: Neues Forum 171–172 (1968)
Glanzvolles Elend. Versuch über Kitsch und Kolportage. Frankfurt a. M. 1974 (Abschnitt III)
Blochs Äthetik des Vor-Scheins. In: ERNST BLOCH, Äthetik des Vor-Scheins Bd. 1. Hg. von GERT UEDING. Frankfurt a. M. 1974

VACCA, GIUSEPPE: Dialettica o Speranza? In: Marxismo e analisi sociale. Bari 1969

VANJA, SUTLIC: Ernst Bloch i marksizma. In: Naše teme 3 (1957)

VATTIMO, GIANNI: Ernst Bloch interprete di Hegel. In: AA VV., Incidenza di Hegel. Napoli 1970
Una teoria utopica della letteratura. In: Rivista di Estetica, fasc. III (1971)

VINCENT, J. M.: Droit naturel et marxisme moderne. In: Philosophes d'aujourd'hui en présences du droit, Archives de philosophie du droit (Paris) 10 (1965), S. 79–81

WEIMER, LUDWIG: Das Verständnis von Religion und Offenbarung bei Ernst Bloch. München 1971

WELLERSHOFF, DIETER: Der exzentrische Mensch. Zur Philosophie Ernst Blochs. In: Merkur 4 (1960)

WERCKMEISTER, OTTO KARL: Ernst Blochs Theorie der Kunst. In: Die neue Rundschau, Jg. 79/1968, H. 2
Ende der Ästhetik. Frankfurt a. M. 1971

WIDMER, PETER: Die Anthropologie Ernst Blochs. Frankfurt 1974

WIEDEMANN, MELITTA: Bloch und Teilhard de Chardin. In: Blätter für deutsche und internationale Politik, März 1961

WREN, THOMAS E.: The Principle of Hope. In: Philosophy Today 4 (1970)
An Ernst Bloch bibliography for English readers. In: Philosophy Today. 4 (1970)

WÖRNER, KARL H.: Die Musik in der Philosophie Ernst Blochs. Zum 80. Geburtstag. In: Schweizerische Musikzeitung 4 (1965)

ZDRAVEC, FRANC: Ali Marxizam ali idealizam. In: Problemi 2 (1962)

ZECCHI, STEFANO: Realtà dell'utopia. In: Aut-Aut 125 (1971)
Ernst Bloch e Jürgen Moltmann. In: Filosofia e teologia della speranza. Padova 1973
Utopia e speranza nel communismo. Un' interpretazione della prospettiva di Ernst Bloch. In: Inuovi testi, Bd. 65 (September 1974)

ZEHM, GÜNTHER: Ernst Bloch. In: Der Monat, November 1961
Ernst Bloch. In: Handbuch der deutschen Gegenwartsliteratur, 1965

ZWI, RUDI: Ernst Bloch. In: GESCHER, Review of the National Problem. 1964

NAMENREGISTER

Die kursiv gesetzten Zahlen bezeichnen die Abbildungen

ÜBER DIE AUTORIN

Silvia Markun, als Bürgerin von Schaffhausen in Zürich geboren, wandte sich nach dem Beginn eines Studiums der Psychologie bei Piaget in Genf bald der Journalistik zu. Sie war eine Zeitlang als Korrespondentin in Rom tätig, wo sie auch als Autorin von Dokumentarfilmen mitwirkte. Nach mehreren Studien- und Reportageaufenthalten in Südamerika und Afrika, arbeitet sie nun, in Zürich und Ascona lebend, als freie Publizistin, vor allem für Rundfunk mit dem Schwerpunkt wissenschaftlicher und gesellschaftspolitischer Thematik.

QUELLENNACHWEIS DER ABBILDUNGEN

rororo
bildmono
graphien

C 2054/7

rowohlts bildmonographien

Thema Philosophie

C 2054/7 a

bildmono rororo graphien

C 2058/7 a

C 2058/7 b

rowohlts bildmonographien

**Thema
Literatur**

C 2058/7 c